陇南师范高等专科学

陇南文化与旅游产业
融合发展研究

鲁建平 ◎ 著

西南交通大学出版社
·成 都·

图书在版编目（CIP）数据

陇南文化与旅游产业融合发展研究 / 鲁建平著. 成都：西南交通大学出版社，2024. 10. -- ISBN 978-7-5774-0157-7

Ⅰ．F592.742

中国国家版本馆CIP数据核字第20247R2D13号

Longnan Wenhua yu Lüyou Chanye Ronghe Fazhan Yanjiu
陇南文化与旅游产业融合发展研究

鲁建平　著

策划编辑	黄庆斌
责任编辑	居碧娟
封面设计	墨创文化

出版发行	西南交通大学出版社 （四川省成都市金牛区二环路北一段111号 西南交通大学创新大厦21楼）
邮政编码	610031
营销部电话	028-87600564　028-87600533
网址	http://www.xnjdcbs.com
印刷	成都蜀通印务有限责任公司

成品尺寸	170 mm×230 mm
印张	11.75
字数	213千
版次	2024年10月第1版
印次	2024年10月第1次
定价	58.00元
书号	ISBN 978-7-5774-0157-7

图书如有印装质量问题　本社负责退换
版权所有　盗版必究　举报电话：028-87600562

前言

秦巴山区即秦岭、大巴山地区，位于陕西省、甘肃省、四川省、重庆市、湖北省、河南省等六省（市）交会地带，约7.5万平方千米，面积广大，人口众多，地形地貌以高山、沟壑、丘陵、河谷与小盆地为主，属于长江上游地区，交通闭塞，经济发展相对滞后，但自然禀赋良好，历史底蕴深厚，文化形态多元，旅游资源富集，社会发展潜能巨大，发展前景广阔。

在2021年之前，秦巴山区还属于集中连片特殊困难地区（简称"秦巴山特困片区"），贫困人口多，贫困面积大，贫困程度深，是我国精准扶贫、脱贫攻坚的主战场，扶贫脱贫任务极其繁重。秦巴山特困片区涉及6省市（甘肃省、陕西省、四川省、河南省、湖北省、重庆市）的75个县区，其中河南省10个县区、湖北省7个县区、重庆市5个县、四川省15个县区、陕西省29个县区、甘肃省9个县区。

秦巴山区在甘肃省的涵盖区域与陇南市行政区域一致，包括武都区、成县、文县、宕昌县、康县、西和县、礼县、徽县、两当县等9县区，共199个乡镇（街道），总人口240.7272万人（截至2020年11月1日，来源于陇南市第七次全国人口普查公报），占全省总人口2501.9831万人（甘肃省第七次全国人口普查数据）的9.62%，人口规模居全省第四位。全市土地总面积2.78万平方千米，占全省总面积42.59万平方千米的6.53%。

陇南市位于甘肃省东南部，地处秦巴山区，东接陕西，南通四川，扼甘陕川三省要冲，素有"秦陇锁钥，巴蜀咽喉"之称，东与陕西省汉中市宁强县、略阳县、勉县和宝鸡市凤县为邻；南与四川省广元市、青川县、绵阳市平武县和阿坝州九寨沟县毗连；西依甘南高原与迭部县、舟曲县和定西市岷县；北与天水市秦州区、麦积区、武山县、甘谷县接壤。

陇南市是甘肃省唯一的长江流域地区，被誉为"陇上江南"。陇南历史悠久，文化底蕴深厚，是秦文化的发祥地，秦代四大陵园之一的西垂陵园就位于礼县大堡子山；是以中国"女儿节"——乞巧节为代表的乞巧文化的诞生地；是中国古代西部氐族和羌族活动的核心区域，文县白马人就是古氐羌后裔，被誉为"东亚最古老的部族"；是三国文化在甘肃省的集中展示区；是陇蜀古道、茶马古道遗存分布最为密集的地区之一；是宋金时期对峙拉锯争夺的战略地带；是藏羌民族交融、族群文化交融汇聚的地区；是红军长征途经地域最广的地区之一，是红军长征的加油站（宕昌县哈达铺镇），是习仲勋等老一辈无产阶级革命家领导、发动两当兵变的红色福地，是成徽两康战役的发生地。由此可见，陇南的文化是多样的，底蕴是深厚的，陇南是一片被多元文化浸润着的福地与沃土，正因如此，陇南是中华文明传承创新区的重要组成部分。

陇南的历史文化（秦早期文化、盐文化、三国文化、唐宋文化等）、陇蜀古道文化（祁山古道、西狭古道、青泥古道等）、民族民俗文化（藏羌文化、白马藏族文化等）、红色文化（以宕昌县哈达铺红军长征纪念馆、两当兵变纪念馆、成徽两康战役纪念馆、陇南革命根据地纪念馆为代表）、生态文化（乡村旅游、休闲垂钓文化、原生态高山草甸避暑休闲文化旅游等）是陇南最亮丽的名片，也是其最具影响力、最具传播力的文化元素，更是其旅游产业高质量发展的驱动力和"灵魂"。在我国从旅游大国向旅游强国发展的历史进程中，旅游产业供给需要提质增效、转型升级，由数量扩张向品质提升转型，引入新思路，挖掘新潜能，激活新动能，培育旅游经济新的增长点。陇南市、县（区）、乡（镇）各级党委、政府要从增强经济活力与动力、促进区域绿色协调发展的高度和视角认识和理解"文化+旅游"产业融合发展的时代性、重要性和迫切性，要充分认识、挖掘、研究、宣传、展示地域文化的独特魅力，赋能旅游产业，为经济发展标识文化符号，植入文化元素，进一步促进"文化+旅游+康养"产业深度融合发展，实现助农增收、助民致富。在经济社会高质量发展的新时期，陇南市要进一步发挥巩固拓展脱贫攻坚成果的多产业融合联动优势。"文化+旅游+康养"产业属综合性产业，能够带动旅游业、休闲业、文化业、体育业、房地产业、交通运输业、餐饮业、养老服务业、医疗保健业等众多关联产业发展，产业间又具有市场空间错位互补合作优势。只要发挥好政府主导、市场参与、民众融入的体制机制优势，就能够有力促进地区经济实现绿色高质量发展。

陇南境内高山、河谷、丘陵、盆地交错，气候垂直分布，地域差异明显，有水杉、红豆杉等国家保护植物和大熊猫、金丝猴、羚牛等20多种珍稀动物，拥有2个国家级自然保护区（白水江国家级自然保护区、甘肃裕河国家级自然保护区）、1个省级自然保护区（文县尖山大熊猫自然保护区）、3个国家森林公园（文县天池、宕昌官鹅沟、成县鸡峰山）和2个国家湿地公园（文县黄林沟国家湿地公园、康县梅园河国家湿地公园）。

陇南被著名地质学家李四光誉为"复杂的宝贝地带"，属北温带向暖温带过渡地区，部分区域具有亚热带气候特点，海拔落差大，气候差异性明显，拥有丰富的矿产资源（如黄金、铅锌、铁矿等）、森林资源（徽县青泥岭森林公园、武都裕和国家森林公园、礼县洮坪林场等）、水资源（白龙江、白水江、西汉水、嘉陵江等）、动植物资源（大熊猫、金丝猴、羚牛、油橄榄、茶树、红豆杉等）。陇南还是植物黄金——油橄榄的最佳适生区，也是道地中药材（文县的党参、礼县的大黄、宕昌县的黄芪红芪、西和县的半夏等）的主产区之一。同时，陇南还是花椒（以武都区、礼县、西和县为主）、木耳、蕨菜、黄花、乌龙头（以康县为主）、土豆（以武都区、西和县、礼县为主）、苹果（以礼县为主）、柿子（以文县、成县为主）、樱桃（以武都区、成县为主）、银杏（以徽县为主）、茶叶（以康县阳坝、武都裕河、文县碧口为主）、核桃（以成县、康县为主）等农特产品的主产区。陇南的产业优势明显，特色鲜明，潜力巨大，发展前景值得期待。

陇南山区地处西北与西南地区的过渡地带。"西南民族地区多属于老少边山穷地区，地处偏远，贫困发生率较高，贫困与反贫困问题十分突出，因境内含有较丰富的水资源、林地资源、动植物资源以及民俗文化资源，发展旅游业已成为西南民族地区推进扶贫工作和解决贫困问题的重要途径。"[①]陇南地区与西南民族地区的特点具有高度的相似性，因此，发展"文化+旅游"产业成为陇南地区解决发展不平衡不充分问题、防止返贫、巩固脱贫攻坚成果与乡村振兴有机衔接的重要路径之一。归纳和梳理陇南各类文化资源，将其与旅游产业有机融合，从而形成文旅产业深度融合的发展态势，成为带动群众增收、实现脱贫致富的绿色"钱袋子"，更是进一步巩固脱贫攻坚成果的重要"抓手"。2021年11

---

① 黄爱莲、朱俊蓉：《西南民族地区贫困县旅游扶贫效率测度及时空分异研究》，《信阳师范学院学报》，2021年第3期。

月，中国共产党陇南市第五次代表大会报告中明确指出：要把陇南建设成为甘肃绿色发展的典范城市、甘陕川接合部的魅力城市、"一带一路"西部陆海新通道的节点城市（即"三城"），打造绿色发展高地、文旅康养胜地、交通物流要地、投资创业洼地、美好生活福地（即"五地"）。要实现市委市政府既定的建设"三城""五地"的发展目标，就需要地方高校发挥人才智力优势，组织科研团队关注、挖掘、梳理、研究陇南的独特文化，争取产出标志性成果。在此基础上，更需要地方党委政府的高度重视与大力支持、市场力量的介入开发和当地群众的积极参与。唯有如此，陇南文化与旅游产业融合发展才会逐渐形成政府主导、智库支持、企业投入、民众参与、群众受益的良好发展格局。

目录

第一章	陇南历史文化与旅游产业发展
002	一、秦文化与旅游产业
015	二、盐文化与旅游产业
027	三、三国文化与旅游产业
037	四、唐宋文化与旅游产业

第二章	陇蜀古道文化与旅游产业发展
051	一、西狭栈道文化与旅游产业
056	二、祁山古道文化与旅游产业
060	三、茶马古道文化与旅游产业
065	四、青泥古道文化与旅游产业

第三章	陇南生态文化与旅游产业发展
072	一、文县洋汤天池
076	二、礼县秦皇湖
078	三、西和县晚霞湖
080	四、宕昌县八力草原
081	五、礼县上坪大河边草原、固城三县梁草原
084	六、徽县三滩
086	七、"陇上小九寨"——宕昌县官鹅沟
093	八、康县阳坝梅园沟
096	九、"陕甘毗邻区的一颗明珠"——两当云屏三峡
098	十、武都万象洞

第四章　陇南红色文化与旅游产业发展

- 103　一、红军长征的"加油站"——宕昌县哈达铺镇
- 108　二、"两当兵变"发生地——红色福地两当县
- 112　三、陇南北部的成徽两康战役
- 115　四、陇南红色文化旅游产业发展的不足之处与建议
- 116　五、红色文化旅游产业发展的历史机遇和政策支持

第五章　陇南民族民俗文化与旅游产业发展

- 119　一、陇南（西和县、礼县）乞巧文化
- 127　二、文县白马藏族傩舞"池哥昼"
- 140　三、宕昌县藏羌傩舞
- 142　四、陇南戏曲社火

第六章　陇南乡村文化与旅游产业发展

- 148　一、特色小镇建设与发展
- 151　二、乡村文化旅游产业发展的代表——康县、徽县

第七章　陇南文化旅游产业融合发展的政策支撑与实践

- 170　一、国家政策支持
- 171　二、甘肃省及陇南市政策支持
- 173　三、陇南市务实推进

结　语

参考文献

第一章 陇南历史文化与旅游产业发展

　　文化是旅游产业发展的灵魂，旅游是文化传播、升华的重要载体。以创新、协调、绿色、开放、共享的新发展理念为引领，推动"文化+旅游"产业深度融合发展，既能推进文化体制改革，加快文化产业转型，又能不断满足人民群众的消费需求，促进旅游产业提档升级，构建"文化+旅游"产业深度融合的新发展格局。"十三五"是脱贫攻坚、全面建成小康社会的关键时期。产业扶贫是脱贫致富奔小康的战略举措，单一产业扶贫既不可取也不现实。"十四五"是全面建成小康社会，进一步巩固脱贫攻坚成果、实施乡村振兴的关键时期。多产业融合发展，集中产业优势，相互赋能支撑，才能发挥产业融合集聚效应，真正起到防止返贫的作用。"产业融合理论源于信息产业。郭铁民（2005）指出，产业融合能产生许多新的产品和服务，开拓新的市场，促进资源的优化和整合，推进人力资本新的发展，是产业发展和经济增长的新动力。"①所以，文化产业与旅游产业的深度融合是发展趋势，不可逆转，发挥"文化+旅游"产业优势是新时代西部欠发达地区带动经济发展、进一步巩固脱贫攻坚成果的有效途径。

---

① 张海燕、王忠云：《旅游产业与文化产业融合运作模式研究》，《山东社会科学》，2013年第1期。

著名学者徐日辉指出,"在旅游活动中,文化和人与社会是一种和谐的共生共存关系,人在一切有意识的活动中,只有通过文化的形式,包括旅游文化的形式在内,来反映自然、反映人生、反映文明、反映社会"①。文化旅游作为区域富裕、民众增收的发展战略,是我国旅游需求、社会发展到一定阶段的必然产物,更是我国旅游发展改革创新、转型提质的必然要求。文化旅游行为中,游客对特色文化体验感受的需求必将引起产业链供给要素的变化,及时调整文化旅游产业发展思路显得尤为重要。对于经济社会发展相对欠发达的西部地区,尤其是甘肃省陇南市而言,多元化的文化分布让这里充满了神秘感,同时也给发展区域旅游产业带来勃勃生机。有了人口流动和资金流动,民众增收、防止返贫就有了产业基础。文化是旅游产业的核心要素,特色文化是区域经济发展的内生驱动力,对区域旅游经济增长发挥着极其重要的作用。"全域旅游发展理念与旅游扶贫方式相结合后,形成了全域旅游扶贫的新模式。全域旅游扶贫强调面向区域性整体贫困问题,以旅游业为优势产业,通过资源有机整合、产业融合发展、社会共建共享,带动了贫困地县经济发展和贫困人口脱贫增收"③。随着旅游行为主体文化需求的多元化和文化品位的提升,精神文化享受已成为旅游的内在需求,旅游在很大程度上就是一种文化消费行为。只有与文化相结合的旅游才最具灵性、最具潜力、最富活力。深入挖掘区域特色文化旅游资源,着力推动文化资源向旅游产品转化,培育优质特色文化品牌,将多元化的地方特色文化融入旅游产业,为旅游产业赋能,增强经济发展动能,才能实现区域"文化+旅游"产业的可持续发展和高质量发展。

一、秦文化与旅游产业

文化旅游就是与为满足旅游消费需求而依托文化资源开发的旅游产品相关的服务活动。由此可见,文化与旅游深度融合发展可促进区域经济的增长,帮助群众增加收入,提升生活品质。秦文化是陇南地区最富有历史厚重感的文化形态,甘肃省陇南市礼县被称为"秦皇故里""秦皇祖邑",是秦早期文化较为富集的区域。20世纪八九十年代,礼县大堡子山"秦公墓"(即西垂陵园)出土

---

① 徐日辉:《全域旅游与南京浦口区项羽文化的创新提质》,《渭南师范学院学报》,2019年第1期。
③ 杨梅、冯珠珠、田波:《全域旅游发展对县域脱贫的组态影响研究——基于 FSQCA 的分析方法》,《西南大学学报》,2021年第4期。

了大量以青铜器为代表的珍贵文物,车马坑、乐器坑里发现了车马器、编磬、青铜编钟、编镈、铜虎,还有鼎、簋、盘等物。大量出土文物证实,大堡子山就是秦公陵,西汉水上游地带就是秦人的发祥地。秦人在这一区域生存、发展、强大,之后又进军关中,定鼎天下。随后,甘肃省文物局联合北京大学考古队等相关文博考古机构一同对西汉水上游地区的大堡子山进行了考古发掘,根据墓葬形式、出土文物类型等信息,研判大堡子山即秦西垂陵园。秦代四大陵园(西垂陵园、雍城陵区、芷阳陵区、秦始皇帝陵)中年代最早的西垂陵园就此揭开了神秘的面纱。西北师范大学教授、陇南籍知名学者赵逵夫先生在《因地蓄锐 秦人发祥于陇右》①一文中认为:秦人的人先祠应即今祁山或大堡子山。赵逵夫先生在《秦人西迁的时间、地点与文化传统的形式》②一文中引用了王国维先生关于"秦"地的观点,即王国维在《秦都邑考》中所说:《封禅书》言"秦襄公既侯,居西垂",《本纪》亦云"文公元年居西垂宫",则又似特有西垂之地。王国维认为"西垂"即"犬丘",或称作"秦",在陇坻以西,为"宗周之世""秦之本国"。秦人先祖在周成王时迁至甘谷县、礼县交界处的朱圉山,后来又续迁至西汉水上游的礼县一带。在 2014 年 7 月召开的甘肃省秦文化研究会第二次学术研讨会上,北京大学考古所赵化成先生认为:秦人先祖之所以从甘谷县毛家坪迁至西汉水上游的礼县一带,主要原因之一是礼县盐官镇有一口产量极为可观的盐井,不仅能够为生活于此的秦人提供足够的食盐,而且有利于大规模牧养马、牛、羊等牲畜。

《诗经》是我国最早的一部诗歌总集,是中国文学的光辉起点和源泉,共有三百零五篇诗歌,也被称为"诗三百",其内容分为"风""雅""颂"三大类。著名学者高亨认为,古人将"乐"称为"风",国风就是列国的乐曲。陇南师范高等专科学校温虎林教授在《〈秦风·蒹葭〉本事本义考论》③一文中认为:秦襄公战死于岐,但归葬于西垂,举行招魂仪式是必然的,而招魂之地必然是在墓地旁西汉水畔。也就是说,《诗经·国风·秦风》中的《蒹葭》的创作地就在礼县大堡子山秦公陵一带,"所谓伊人,在水一方"中的"水"即西汉水。由此可见,礼县这片浸润着秦文化的热土是《蒹葭》经典诗作的诞生之地,这里有

---

① 赵逵夫:《因地蓄锐 秦人发祥于陇右》,《甘肃日报》,2014 年 3 月 18 日,第 10 版。
② 赵逵夫:《因地蓄锐 秦人发祥于陇右》,《甘肃政协》,2021 年第 1 期。
③ 温虎林:《〈秦风·蒹葭〉本事本义考论》,《宁夏师范学院学报》,2022 年第 12 期。

尚武图强的秦人部族，也有崇文尚礼的文化基因。

蒹葭

蒹葭苍苍，白露为霜。所谓伊人，在水一方。溯洄从之，道阻且长。溯游从之，宛在水中央。

蒹葭萋萋，白露未晞。所谓伊人，在水之湄。溯洄从之，道阻且跻。溯游从之，宛在水中坻。

蒹葭采采，白露未已。所谓伊人，在水之涘。溯洄从之，道阻且右。溯游从之，宛在水中沚。

《史记·秦本纪》记载："十六年，文公以兵伐戎，戎败走。于是文公收周余民有之，地至岐，岐以东献之周。""周余民"中有不少文人。杨世理在《论〈蒹葭〉与秦文化的突变》一文中认为：《蒹葭》的作者，应为"周余民"中一位具有极高文学素养的旧臣，在经历了西周灭亡的历史剧变后，创作了这首寄托着政治理想的诗歌。①《蒹葭》风格俊秀，意境幽远，极富神韵，与《车邻》《小戎》《无衣》等以战争为题材的诗歌不同，其题旨还具有不确定性（多义性）。传统观点认为该诗作是追求意中人而不得的爱情恋歌，也有人认为是访贤达而不遇，还有人认为是上古之人的水神祭祖仪式……温虎林教授认为，《蒹葭》属招魂文学范畴，是一首为阵亡了的秦之将士举行的招魂祭祀的诗歌，而主持祭祀招魂的很有可能是秦襄公。

综上所述，以西垂陵园为代表的秦早期文化遗址主要集中在陇南礼县，出土文物数量多，样式独特，意蕴深厚。这里的秦文化与古都西安、咸阳的秦文化遥相呼应，相连互通，形成了西安—咸阳—宝鸡—天水—礼县的秦文化寻祖探源精品旅游线路，与丝绸之路旅游经济带和以成（都）渝（重庆）双城经济圈为龙头的长江经济带相互连接融通，也是华夏文明传承创新区的重要组成部分，潜力巨大，前景可期。秦文化融入旅游产业发展，将显著增强礼县县域旅游产业的文化含金量和当地民众的文化自信，对巩固脱贫攻坚成果、推进乡村振兴将发挥至关重要的作用。作为西部欠发达地区的典型山区，陇南要实现经济发展提速，就必须高度重视特色文化资源的开发与利用。秦文化是礼县区域

---

① 杨世理：《论〈蒹葭〉与秦文化的突变》，《天水师范学院学报》，2021年第6期，第44-49页。

旅游产业发展的核心要素和动力源泉，结合特色文化、发展文化旅游产业、推动经济社会高质量发展、巩固拓展脱贫成果是接地气、有活力的行之有效的绿色发展新模式与新路径。

（一）西垂陵园概况

大堡子山遗址及墓群位于礼县城东约13千米处的永坪镇、永兴镇境内，保护范围东起永兴镇爷池村，西至永坪镇赵坪村，东西6千米，南北3千米，总面积18平方千米，由大堡子山遗址（秦西垂陵园）、山脚遗址（山坪城址）、蒙张遗址、赵坪遗址（圆顶山秦贵族墓葬区）、爷池遗址等组成。2001年，该遗址被确定为全国重点文物保护单位。2022年，该遗址被列入第四批国家考古遗址公园立项名单。

1993年前后，大堡子山墓地大量珍贵文物流失到世界各地，引起了有关部门及专家学者的高度重视。1994—2000年，甘肃省文物考古研究所对该墓群进行了抢救性发掘，探明墓葬200多座，清理墓葬15座（其中大型墓葬2座）、车马坑2座，出土了青铜器、金器、玉器等数百件珍贵文物。2004年开始，国家文物局组建了早期秦文化五方联合考古队，在大堡子山调查、钻探面积150万平方米，探明墓葬700多座，发现夯土城墙、建筑基址、车马坑、陶窑、水井、古道路、灰坑等遗迹699处；2006年发掘祭祀坑1座、21号建筑基址1座、中小型墓葬9座，被评为"全国十大考古新发现"。大堡子山秦公陵区出土了数量可观、级别甚高的青铜、金、玉、石、漆等器物，属20世纪重大考古发现。

历史文献和考古实物不断印证，大堡子山遗址及墓群是秦国的第一陵园——西垂陵园。该遗址和墓群的发现，和其他三处秦国陵园相联系，可以全面而系统地展现出秦文化的起源、发展、演变轨迹，不仅印证了《史记》有关嬴秦早期历史记载的真实性，填补了秦史研究中的空白，而且对于探讨、认识秦文化的渊源、流变及其与中原文化、犬戎文化的关系等具有重大意义，更丰富了中华文明的体系和内容，为探明秦国第一都邑——"西垂宫"的地理位置提供了可靠的依据。

秦公陵2号大墓（M2）和3号大墓（M3）基本情况如下：

2号大墓（M2）：东向西，全长88米，平面呈"中"字形，有东西两个墓道。东墓道为主墓道，斜坡状，长37.9米、宽6米、深11米；西墓道亦呈斜坡状，有8个沟槽状台阶，长38.2米、宽5.5米。墓室呈斗状，口长12.1米、宽11.7米、底长6.8米、宽5米、深15.1米。

3号大墓（M3）：东向西，全长115米，平面呈"中"字形，有东西两墓道，东墓道为主墓道，斜坡状，长48.85米、宽8.3米、深13.5米；西墓道呈台阶状，长41.5米、宽8.2米。墓室呈斗状，口长24.65米、宽9.8米、底长6.75米、宽3.35米、深16.5米。

根据两座高规格墓葬的形制及流失海内外后又陆续面世的文物，特别是部分被上海博物馆、甘肃省博物馆、礼县博物馆抢救收购、征集的50多件有"秦公作铸用鼎""秦公作铸用簋""秦公作宝簋""秦公作铸□□钟"铭文的青铜器和70多件金箔饰片、金虎等珍贵文物，专家认为两座大墓系秦国早期国君级贵族墓葬。关于墓主，目前学界有秦仲、庄公、襄公夫妇、文公等不同观点。

乐器坑：位于M2西南部约20米处。坑长8.8米，宽2.1米，深1.6米，东西向。坑内自西向东依次排列3件镈钟、3件铜虎和8件甬钟，有木质钟架、磬架各1副，2组石磬共10件，均保存完好。最大的镈钟通高65厘米，舞部及镈体部以盘龙纹为主要装饰；四出扉棱为透空的纠结龙纹，设计精巧，造型华美，鼓部有28字铭文："秦子作宝龢（和）钟，以其三镈，厥（乃）音鈇鈇灘灘，秦子畯命在位，眉寿万年无疆。"该镈与上海博物馆收藏的秦公镈以及宝鸡太公庙出土的秦武公镈近似，年代为春秋早期。与乐器坑同时发掘的还有人祭坑4座，每坑1~2具尸骨，肢体屈曲，当为杀祭。其性质与乐器坑相同，为重要的祭祀遗迹。

该发现为秦公大墓墓主的确认以及研究早期秦人的礼乐制度、祭祀制度、青铜器制造工艺等提供了极为珍贵的资料，对认识大堡子山城址的性质具有重要意义，同时也为大堡子山秦公陵园的保护和利用提供了科学依据。

车马坑：东西向，平面呈"瓦刀"形，全长36.5米，坑道在东，斜坡状，长21.85米、宽9.8米、深5.4米。坑内原殉车马四排，每排三乘，每乘两服两骖，皆辕东舆西。该坑还曾出土许多鎏金车饰以及軎、辖等。

嬴秦族向以善于驯马御车而著称。秦国贵族在陵区附葬车马的现象，在列国中最为突出。该墓群以其高规格的形制和丰富珍贵的葬品印证了这一点，也为系统研究秦贵族陵寝制度及丧葬文化，特别是早期秦国车马陪葬、手工业制造，以及军事制度史、交通经济史等提供了重要的实物依据。

遗憾的是，大堡子山秦西垂陵园出土的不少文物于 20 世纪 90 年代流失海外，给我国秦早期文化的科学研究工作造成了无法弥补的重大损失。当然，国家博物馆、甘肃省博物馆和甘肃秦文化博物馆（礼县）也尽可能地收藏、保管了该陵区出土的以青铜器、陶器为代表的富有极高价值的文物。甘肃秦文化博物馆也成为展示礼县秦早期青铜器、陶器、金器的重要基地和科普平台。

目前，大堡子山国家考古遗址公园项目已获批第四批国家考古遗址公园立项，并初步建成墓葬展示区和观光平台。园内通行道路、周边绿化及装饰亮化工程等正在建设中。

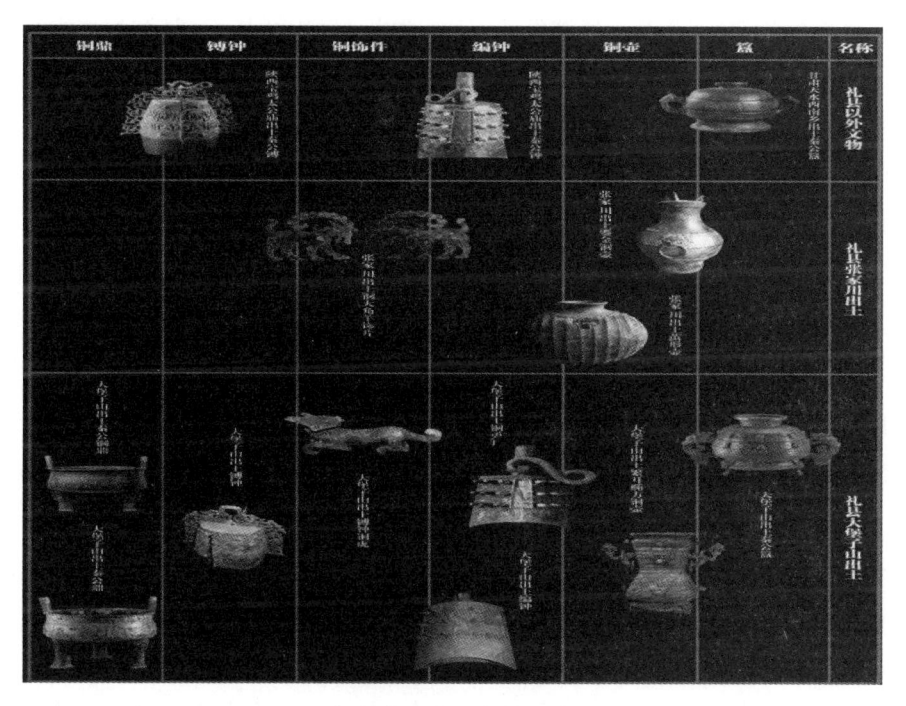

礼县内外铜铸文物对照

（二）秦文化与旅游产业融合发展现状

1. 地方政府重视秦文化学术研究及对外宣传工作

为了促进特色产业和县域经济发展，近年来，礼县县委、县政府几乎每年都会筹划，举办规模较大的中国甘肃陇南（礼县）苹果产销对接会暨甘肃省秦文化学术研讨会，邀请国内高等院校及科研院所的专家、学者莅临礼县进行广泛的学术研讨，交流观点，凝聚共识，促进友谊，极大地提升了礼县秦文化的知名度和影响力。同时，地方政府还支持编辑出版《嬴秦西垂文化》《嬴秦文化论考》等论文集，策划编写地方戏曲影子腔剧本《襄公始国》和秦文化连环画册，创作歌曲《一统天下》、舞蹈《秦舞神韵》、音乐舞蹈史诗《大秦雄风·蒹葭》，拍摄了《千古遗恨——秦公大墓》《寻秦》《帝国的黎明》等多部纪录片，分别在中央电视台10频道、贵州卫视、甘肃卫视等播出，既扩大了礼县早期秦文化的知名度和影响力，又有利于礼县各类文化旅游产业类项目的争取和落地，对推动地方经济社会发展意义重大、影响深远。除此之外，礼县县委、县政府还立足"文旅赋能型"县域经济发展定位，举办"陇南礼县——诗和远方旅游目的地"《诗经·秦风·蒹葭》原创地探秘采风暨陇南市诗歌人才培训活动，做好"文物活化"工作，以出土的典型文物鸷鸟形金饰片和回首虎为原型，创作了"秦小虎""秦小兔"等富含秦文化元素的文化产品和卡通动漫形象，让文物"活"起来、"动"起来，助力礼县文旅产业经济发展。

礼县县委、县政府始终坚持"保护第一、加强管理、挖掘价值、有效利用、让文物活起来"的新时代文物工作方针，加强组织领导，坚持规划引领，以创建大堡子山国家考古遗址公园和加强四角坪遗址保护为抓手，持续推进早期秦文化发展取得新进展、新成就。2022年，礼县大堡子山国家考古遗址公园被列入全国第四批国家考古遗址公园立项名单后，地方政府组织专门力量编制完成了《大堡子山遗址祭祀坑车马坑遗址保护展示厅展陈方案设计》，目前已通过甘肃省文物局评审，同时编制了《礼县大堡子山国家考古遗址公园保护利用项目可行性研究报告》（总规划约1158亩，总投资3.92亿元），争取进入2024年国家文化传承发展"专精特新"项目库。

对于生活在西汉水上游地区的民众而言，不断增强他们对秦文化的认同感显得尤为重要。曼纽尔·卡斯特在《认同的力量》一书中指出：所有的认同都是人为建构的产物，而建构使用的材料来自历史、地理、生物，来自集体记忆和个人幻觉，也来自权力机器和宗教启示。将秦文化转化为礼县当地群众的集体记忆，进一步增强他们的文化认同和文化自信，是推动县域"文化+旅游"产业科学可持续发展的文化根基。当地党委和政府通过举办甘肃省秦文化学术研讨会,让更多群众了解自己家乡独特的秦文化,从而增强文化自信,使其主动参与到蓬勃发展的文化旅游产业中来,这就是政府主导,民众参与,文化搭台,经济唱戏。

2. 秦文化场馆建设已初具规模,且已形成较大的社会影响力

目前,甘肃省秦文化博物馆是早期秦出土文物及各个历史时期相关文物的专业收藏、展示机构。甘肃秦文化博物馆以秦汉风格为主,规模宏大规整,甚是壮观气派。其主体为三层仿秦汉宫殿建筑,建筑面积 8350 平方米,其中展厅面积 5952 平方米,投入资金约 6000 万元。馆藏文物以大堡子山秦西垂陵园、西山遗址和圆顶山遗址出土的青铜器、陶器、金器、玉器为主。甘肃秦文化博物馆现有登记馆藏各类文物,其中国家一级文物 74 件(套)、二级文物 115 件(套)、三级文物 634 件(套),包含石器、陶器、铜器、书画等文物 7789 件(套),古钱币 10 907 枚(包),古书籍 12 551 册。该馆现为国家二级博物馆、甘肃省爱国主义教育基地、甘肃省社会科普示范基地,也是国家 4A 级旅游景区,**免费对外开放,是礼县特色文化的一张靓丽名片**。置身其中,游客可以深切感受到礼县厚重的历史文化底蕴。

甘肃省秦文化博物馆

3. 以大堡子山秦西垂陵园遗址公园为核心的大景区建设日趋完善,四角坪遗址再添文旅新景

2015 年,国家文物局正式批准立项建设礼县大堡子山秦西垂陵园遗址整治

保护工程，投资额度约 18 000 万元，主要对遗址内部通道、河道、绿化美化及遗址周边农村及房舍等进行综合治理。通过项目建设，大堡子山西垂陵园遗址将实现道路相接、河道畅通、草木茂盛、繁花似锦的建设目标。随着乡村振兴战略的进一步实施，陵园西侧的永坪镇冉家庄、平泉村和东侧的永兴镇文家、柯寨、黑家崖等村规划整齐，环境干净，农民住房条件大为改善。园林式的陵园与花园式的乡村相映成辉，构成一个以大堡子山秦公陵遗址公园为核心区的大景区。

2019 年，考古人员在礼县县城东北约 2.5 千米处的四格子山顶发现了一座大型建筑群遗址——四角坪遗址。截至2023年年底，四角坪遗址累计发掘约4000平方米。秦始皇帝陵博物院院长李岗认为：四角坪遗址出土的云纹瓦当和秦始皇帝陵园外城东门遗址出土的瓦当基本一致，说明两者修建年代相近。四角坪遗址是秦代一处高等级礼制性建筑遗迹。北京大学李零教授、徐怡涛教授表示：尽管具体祭祀对象有待进一步考古发掘揭秘，但大多数专家基本已形成一个共识，即礼县四角坪遗址是国内罕见的秦代大型礼制性建筑群。该遗址入选 2023 年度全国"十大考古新发现"。对其的发掘、宣传与开发有助于增加礼县秦文化旅游产业发展的文化底蕴。

礼县大堡子山秦公陵原貌

国道 247 线和陵区干道的交叉路口矗立着一尊镌刻有"大秦之根"四个大字的竖式巨石，慕名前来礼县观光的游客第一时间就能看到。秦公陵区及周边环境的整治与改善，有效提升了礼县"文化+旅游"产业的对外形象，进一步增强了该区域文旅资源对外地游客的吸引力。这是礼县"文化+旅游"产业深度融合发展的基础性条件。

2019 年 6 月初，持续近两年的礼县大堡子山遗址整治保护工程基础性工程已完成（占地近 3000 平方米，投入资金约 2600 万元）。项目的建成进一步改善了大堡子山及周边区域的生态系统，有效提升了礼县文化旅游产业的整体形象，加之四角坪遗址知名度日渐提升，与大堡子山遗址遥相呼应、共同开发利用，对进一步挖掘、保护、弘扬秦早期文化，推动礼县以秦文化为主题的特色文化旅游产业的科学发展具有十分重要的现实意义。

"大秦之根"

（三）礼县秦文化与旅游产业融合发展的不足之处

礼县鸾亭山西畤遗址尚未得到有效开发，相应文化的挖掘与研究明显滞后。作为秦人建立的祭祀白帝的三处畤（秦襄公立西畤、秦文公立鄜畤、秦献公立畦畤）之一，礼县鸾亭山西畤遗址只停留在学者关注研究的范畴，对其的开发利用未取得实质性进展。鄜畤和畦畤均在陕西关中地区，西畤则在礼县境内。此三处畤礼祀的对象的都是白帝。关于西畤的具体位置，诸多学者也有不同观点。有人认为西畤在礼县红河镇的天台山，因为"天台者，祭天之台也"；有人认为西畤在大堡子山以东 10 千米的祁山堡，即"西畤之址就是祁山堡"。众说纷纭。早期秦文化联合考古队发掘认为礼县鸾亭山一处祭祀遗址即历史上的西畤。西畤作为秦人祭祀天神的圣地，具有独特的文化精神与价值，地方政府应关注、重视这一遗址的挖掘、研究与开发，以拓展、延伸礼县秦文化旅游产业链。

另外，礼县秦文化旅游产业发展过程中对秦公簋出土地的开发、利用及宣传还远远不够。名冠华夏的春秋"秦公簋"出土于礼县秦皇湖畔的红河镇小高村。秦公簋现藏于中国国家博物馆，双耳，有盖，圈足外撇。盖内有铭文54字，器内有铭文51字，记述了秦国的祖先已建都12代，作器者要继承秦先祖事业、永葆四方安泰等内容。铭文均由印模铸就，制作方法新颖，在古代青铜器中属仅见之列，开创了早期活字模印之先。1921年，国学大师王国维鉴赏品题，并为其撰写了《秦公敦跋》（当时称"簋"为"敦"），秦公簋才引起世人的广泛关注。北京市保利大厦一楼大厅入口处就是秦公簋的铭文，甚是壮观，但很少有人知道秦公簋出土于礼县秦皇湖畔。秦皇湖波光粼粼，两岸山峦起伏、绿树掩映，风景绝佳，却不太为外人所知。

挖掘、整理、研究、宣传秦文化的力度、深度、广度还不够。礼县虽然是秦早期文化的发祥地，底蕴深厚，很有价值，但县域内缺乏文史领域的专业人才，地方与高校及科研机构的交流联动也较弱，对秦早期文化的学术研究及对外宣传还很欠缺。这些宝贵的文化旅游资源因此"养在深闺人未识"。

硬件及配套设施建设明显滞后于礼县文化旅游产业发展的市场需求。大堡子山通往秦西垂陵园的道路狭窄，从国道247线进入西垂陵园的通道仍是一条山间小路，如遇雨天，则泥泞难行，游客根本无法上山进入陵区观赏。礼县城区的酒店、宾馆数量有限，规模较小，且配套设施建设相对落后，旅游接待能力弱。现有的几家规模较大的酒店也存在客房装修陈旧、服务质量不高等问题。每到"五一""十一"等旅游旺季，从外地来礼县旅游的游客数量不多，"过夜"游客数量则更少，很难带动礼县城区的餐饮、住宿、交通、零售等业态发展，无法形成"过夜"经济，这就导致"文化+旅游"产业对地方经济发展缺乏带动性和支撑性。

文化的固态陈列偏多，活态展示及体验严重缺乏。目前，礼县秦文化旅游产业主要依赖甘肃省秦文化博物馆的文物陈列展示和大堡子山西垂陵园的实地观光，旅游形式较为单一，体验感欠佳。礼县既是《诗经》名篇《蒹葭》的诞生地，又是秦人牧马、东进关中、鼎定天下的发祥地。这里有先秦时期的历史传说和浪漫故事，理应是一片有故事的文化乐土。如果外地游客不了解秦早期历史传奇故事，就无法感知厚重多元的秦文化。游客远道而来游览、感受礼县历史悠久、底蕴深厚的秦文化，只能看到陈列的文物，秦早期的礼仪礼制、行军作战车辆、战马配备规制等没有历史场景的艺术再现,游客无法感受到更多、更丰富、更有现场感的秦文化,就会选择当天匆匆离开。礼县的住宿、餐饮、运输、土特产品销售与宣传会因此受到很大的影响,无法顺利实现文化旅游产业对巩固拓展脱贫攻坚事业的贡献。文化资源与旅游市场需要实现融合式发展。"产业融合能产生许多新的产品和服务,开拓新的市场,促进资源的优化和整合,推进人力资本新的发展,是产业发展及经济增长的新动力。"[①]如何提高文化产业与旅游产业的融合度,推动经济增长,是摆在陇南市地方各级党委、政府面前的现实问题。

(四)对礼县秦文化与旅游产业融合发展的建议

1. 加快基础设施建设,不断优化提升"秦皇祖邑"礼县的对外形象

旅游产业是绿色朝阳产业。对文化底蕴深厚的西部欠发达地区而言,"文化+旅游"产业的融合发展更是推动区域经济社会发展的新动能。地方政府及领导干部要切实增强促进欠发达地区经济文化高质量发展的历史责任感和使命感,要加快大堡子山秦西垂陵园遗址博物馆的建设进度,同时也要加大秦皇湖(原红河水库)的开发力度,完善干线公路(G247)至陵区(湖区)的交通道路网络,规划修建车行道和人行道,配套建设停车场、卫生间及秦汉风格路灯等必要设施,并设计做好道路两侧绿化美化亮化工程,融自然风光与秦文化遗址(展馆)于一体,吸引更多游客赴礼县观赏美景,体验特色文化旅游,切身感受底蕴厚重的先秦文化。

2. 借鉴先进发展模式,打造特色文化街区

地方政府可考察借鉴江苏、浙江、上海、四川、陕西等省(市)的"文化+旅游"融合发展市场化运营模式,研究论证在甘肃省秦文化博物馆所在地(礼县城郊区)规划建设一条凸显秦文化主题的集特色美食、民宿、茶艺、酒吧、秦文化演艺(舞蹈、马术、模拟战争)等于一体的古街区,让外地游客来礼县参观完甘肃省秦文化博物馆后,继续在秦文化主题街区观光、就餐、品茶,观看秦文化音乐舞蹈及马术表演,结束后可以入住秦文化特色鲜明的民宿或宾馆、酒店。留住了游客也就留住了经济收益,以此带动交通、住宿、餐饮、地方特

---

① 张海燕、王忠云:《旅游产业与文化产业融合运作模式研究》,《山东社会科学》,2013年第1期。

产的销售等产业的发展，促进当地经济增长。

3. 注重对接省（市）际文化资源，构建"秦文化"主题精品旅游线路

"秦文化"核心展示区在西安、咸阳、宝鸡一带（陇县关山草场也是秦非子牧马的区域），关中平原与甘肃省张家川回族自治县、清水县（李崖遗址）、天水市麦积区、甘谷县（毛家坪遗址）、礼县（大堡子山遗址）等区域山水相依，文脉相承。打造建设自西安，经咸阳、宝鸡、天水至陇南市礼县的探秘秦源主题文化精品旅游线路既具前瞻性，又具可行性。西安—天水—兰州高铁的开通运营为打造"秦文化"精品旅游线路提供了更便捷、更高效的交通条件。天水至礼县有"十堰—天水高速公路"相连，距离约90千米，车程约1.5小时，道路通行状况良好，基本可实现游客转乘交通工具的无缝对接。

（五）礼县秦文化旅游产业的经济效能

礼县土地贫瘠、地形复杂、人口近60万，人口承载量过大，其基本特点是：经济发展严重滞后，交通区位劣势明显。秦皇湖、大堡子山（秦公陵）及其对面的圆顶山、甘肃省秦文化博物馆、西山遗址等分布在G247、G316公路沿线。以"秦文化"为主题的旅游产业若能够发展良好，无疑会增加红河镇、盐官镇、永兴镇、县城及周边地区民众的经济收益。

据礼县文化和旅游局、礼县博物馆、礼县乡村振兴局（原扶贫办）和礼县统计局等相关部门提供的数据分析，秦文化旅游产业的发展对增加地方收入和群众收入具有极其重要的影响。2019年，礼县接待各地游客人数达192万人次，其中，甘肃秦文化博物馆接待游客人数达81 000余人次，文化旅游产业综合收入达10.5亿元。该年度，礼县贫困人口为47 125人，脱贫人口为34 282人，年初人均可支配收入6529.3元，年底人均可支配收入7179元。2020年，礼县接待游客人数达142.5万人次，其中秦文化博物馆接待游客人数只有约2000人次，实现文化旅游产业综合收入7.5亿元。该年度全县贫困人口12 110人，脱贫人口12 110人，年初人均可支配收入7179元，年底人均可支配收入7789元。秦文化博物馆位于城关镇，参观该馆一般要在县城住宿，带动了餐饮、交通、土特产销售等业态发展，极大地促进了县城区域的经济增长。数据显示，2020—2022年，礼县累计接待游客430.7万人次，实现旅游综合收入23.4亿元（其中，2021

年,礼县接待游客 61.8 万人次,旅游收入达 3.2 亿元)。2023 年上半年接待游客 145.8 万人次,实现旅游综合收入 8 亿元,较 2022 年同期增长 217.1%。

二、盐文化与旅游产业

(一)盐文化概况

陇南唯一的一口盐井位于礼县盐官镇南河坝西汉水畔,井口三尺①八寸②,井深三丈③一尺,盐水持续冒出外溢,有人称之为冒水盐泉。古往今来,这口盐井以盛产井盐(当地民众称为"水盐")名扬陇东南地区。当地老百姓认为,盐井之所以源源不断地出产井盐,是因为有"盐婆婆"这位神通广大、爱民如子的盐神庇佑,所以,"盐婆婆"被当地民众尊称为"盐圣母"。当地民众以盐井为核心区域,修建了供奉"盐婆婆"的盐圣母殿,殿内精塑着眉清目秀、神态安详的"盐圣母"。"盐官盐神崇拜与秦人祭祖之间存在千丝万缕的联系。盛行于当地的乞巧节就是欢送族群的先祖与牛郎相会,而每年一次的盐井祠庙会,其目的也是当地盐民欢送盐婆婆与远在黄河流域漳县的盐爷爷相会,这两种现象都具有浓烈的人情味。"④礼县盐官镇的女性盐神信仰应该与早期秦文化和牛郎织女的神话传说有关。

当地民众在尊崇祭拜"盐婆婆"神的同时,也存在尊崇与羁绊二元对立的矛盾心理。对于这一现象,拙文《尊崇与羁绊:西垂"盐婆婆"神崇拜的二元对立》(刊载于 2013 年第 4 期《甘肃高师学报》)中已有阐述。据说,盐井会不定期出现产盐量急剧减少的现象,严重影响当地盐民的收入和生活。民间传说这是"盐婆婆"离开盐官镇,出门远赴渭河流域的漳县盐川与"盐爷爷"约会所致。为了不影响收益和生活,当地民众就在供奉"盐婆婆"神的座椅前面的两条椅腿上加上了一把铁锁,将"盐婆婆"的脚踝与座椅牢牢锁定,防止"盐婆婆"离家出走,以期达到稳定井盐产量的目的。

当地民众对女性盐神——"盐婆婆"的尊崇与信仰的根源可能与西汉水流域(西和县、礼县一带)极为盛行的"乞巧"文化有关。"巧娘娘"的原型就是织

---

① 1 尺约合 0.33 米。
② 1 寸约合 0.033 米。
③ 1 丈约合 3.33 米。
④ 赵琪伟:《甘肃盐官盐神信仰》,《寻根》,2012 年第 6 期。

女。著名学者赵逵夫先生认为,"牛郎织女"传说源起于西汉水流域,是以农耕文化为核心的周文化与以游牧文化为核心的秦文化的完美融合。《史记·秦本纪》载:秦之先,帝颛顼之苗裔孙曰女修。女修织,玄鸟陨卵……由此可见,秦人将女修视为自己族群的先祖是有依据的。赵逵夫先生在其《汉水与西、礼两县的乞巧民俗》等多篇论文中也阐述了秦人始祖女修以织闻名,织女从女修发展而来,西和县、礼县的乞巧习俗就是秦文化的遗留等观点。"盐婆婆"与"巧娘娘"之间也可能存在某种内在联系,这都有待学术界不断考证论述。

从盐婆婆与盐爷爷关系分析,礼县"盐婆婆"与漳县"盐爷爷"存在密切的关系,只有将二者有机结合起来进行研究,突破地域局限,全面审视黄河流域的"盐爷爷"和长江流域的"盐婆婆"彼此依存的关系,结合牛郎织女传说和陇南乞巧民俗,才有可能得出较为科学完整的结论,绝不可将二者割裂成孤立的个例研究。

礼县盐官镇盐井祠

《后汉书》卷八六《南蛮西南夷列传》中对"盐水""神女"有一段生动的叙述:

……因共立之,是为廪君。乃乘土船,从夷水至盐阳。盐水有神女,谓廪君曰:"此地广大,鱼盐所处,愿留共居。"廪君不许。盐神暮辄来取宿,旦即化为虫,与诸虫群飞,掩蔽日光,天地晦冥。

盛弘之在《荆州记》中记述：

> 昔廪君浮夷水，射盐神于阳石之上。案今施州清江县水一名盐水，源出清江县西都亭山。

《后汉书》称"盐水有神女"，后称"盐神"，而盛弘之《荆州记》则直接称之为"盐神"。在不同的地区，信仰或祭拜的盐神有所不同，比如：山东沿海地区供奉宿沙氏或胶鬲，河南省部分地区供奉葛洪，四川自贡地区供奉梅泽，天津长芦供奉詹打鱼……不同的民族供奉的盐神也有所不同，比如："云南白族供奉谷女，傣族供奉帝洼拉哥，佤族供奉娅排，阿昌族供奉桑木姑米，西藏藏族供奉扎古恶脸。"[①]礼县盐官镇民众将盐神称为"盐婆婆"（女性盐神），这在国内供奉、祭拜盐神现象中是罕见的，究其渊源，可能与此地秦早期文化不无关联。

各地也存在一些与"盐"有关的"神祠"或"神话传说"，比如：四川内江资中罗泉镇就有一座"盐神庙"（清同治七年由盐商筹资修建）。礼县盐官镇的"盐井祠"也是由当地的盐民集资所建，坐北朝南，祠南即滚滚西去的西汉水。

盐官还有着厚重绵长的文学艺术基因，伟大的现实主义诗人杜甫曾途经此地。唐代"安史之乱"后，杜甫从长安西行至秦州（今天水），后经铁堂峡来到盐官镇，经西和、同谷（今成县）进入四川成都。"诗圣"途经盐官时，写下了著名诗篇《盐井》。

盐 井
杜甫

卤中草木白，青者官盐烟。
官作既有程，煮盐烟在川。
汲井岁榾榾，出车日连连。
自公斗三百，转致斛六千。
君子慎止足，小人苦喧阗。
我何良叹嗟，物理固自然。

[①] 鲁建平：《尊崇与羁绊：西陲"盐婆婆"神崇拜的二元对立》，《甘肃高师学报》，2013 年第 4 期。

这对研究唐代盐业生产及交易、该区域民众生存状况都具有十分重要的参考价值。但定西市漳县的部分学者认为，杜甫创作的《盐井》一诗主要写漳县的盐井，而非礼县的盐井。

我国台湾中山大学教授简锦松先生曾亲自实地考察杜甫流寓陇右转至四川成都（从长安出发，经甘肃天水到陇南成县，再南下至四川成都）的路径。简锦松先生曾在陇南师专做了一场题为《杜甫陇右入川路线现地考》的学术报告，并强调了杜甫自秦州途经礼县盐官镇时创作的《盐井》一诗颇具代表性，若立足南北两山远视西汉水河谷地带的盐官镇，应该能够亲眼看到"卤池周边的草木在盐水的浸泡下泛着白光，缭缭升起的青烟应该是盐民们正在熬制井盐"的情景。从杜甫陇右至成都的行踪考述来看，目前学术界还是认为杜甫是从秦州经礼县盐官至同谷再至成都的。

关于礼县盐井的起源，民间说法不一，有玉兔现迹说、尉迟敬德发现说等，众说纷纭，莫衷一是。拙作《西垂盐井源起新考》（刊载于 2013 年第 1 期《盐业史研究》）中论述：礼县盐官镇的盐井最早的发现者应是生活于此的秦人先祖。[①]理由是秦人长期在此地牧马，而马、牛等大型牲畜有喜嗜盐分的习性，生活于此的牛马自然会沿着西汉水畔的河滩地循着富含盐分的水流找到这口盐井。此井实际上是一口冒水泉，水满自溢，溢出的盐水就从高处流向地势偏低的南河坝滩涂，于是就会出现大大小小、分布较多的卤水滩池。经常饮用卤水的马匹膘肥体壮，体格健壮，擅长长途奔袭，礼县盐官镇自然成为周王室理想的战马供给基地。于是，因牧马有功，秦人也就有了封地、地位。

盐文化与秦文化既相互独立又彼此相连，无法决然地割裂开来。北京大学著名学者赵化成先生认为：早期秦人从甘谷毛家坪迁徙至礼县西汉水沿岸的重要原因就是这里有稀缺的井盐资源，不仅人可以食用，牲畜也可以食用，这对当时的部族生存来说，意义非同一般。从某种程度上来看，西垂富集的盐业资源是秦人崛起的重要战略物资基础。这一观点笔者在《西垂盐业、农业：秦人崛起的基石》中已有论述。

---

① 鲁建平：《西垂盐井源起新考》，《盐业史研究》2013 年 01 期。

礼县盐官镇盐井祠前院　　　　　　杜甫《盐井》碑刻

礼县盐官镇盐井祠"盐婆婆"塑像

《水经注》卷二〇《漾水》载：

　　……西汉水又西南径宕备戍南，左则宕备水自东南、西北注之。右则盐官水南入焉。水北有盐官，在嶓冢西五十许里。相承营煮不辍，味与海盐同。故《地理志》云：西县有盐官是也。其水东南径宕备戍西，东南入汉水。

《周地图记》载：

> 其城汉时所筑也。盐官水在县北一里，自天水县界流来。

《元和郡县图志》卷二二《成州·长道县》记载：

> 西汉水东北自秦州上邽县界流入……盐井，在县东三十里。水与岸齐，盐极甘美，食之破气。

从以上文献可以看出，西汉水发源于天水境内的齐寿山（即嶓冢山），盐官水很大可能性就是指西汉水，"水北"的"水"指的就是西汉水。从地理方位来分析，盐官位于西汉水以北。盐官井盐的产量十分可观，且盐质甘美，长期食用不仅可缓解疲劳，也可解除瘴疠之气，具有极其重要的养生功效。从历史上看，西汉水还有可能是转运盐产品的重要水运通道。

甘肃省文物考古研究所、中国国家博物馆、北京大学考古文博学院、陕西省考古研究院、西北大学文博学院联合撰写的《西汉水上游考古调查报告》也关注到了盐文化与秦文化的联系：

> 沿红河、上寺河溯流而上可至天水，进入渭河河谷；顺流而下可到盐官镇。这是一条历史悠久的古道，秦人迁徙亦有可能循此路径。

由此可知，红河河谷、盐官、西汉水河谷很有可能是秦人西迁的一条古道，这一观点既开启了人们对秦人迁徙交通发展史的新思考，同时也增加了人们对盐业资源运输通道的新认识。《西汉水上游考古调查报告》介绍的 98 处礼县遗址中，仅盐官镇境内的遗址就有 13 处，占礼县秦早期遗址总数的 13.27%。

在甘肃省境内，长江流域的"盐婆婆"与黄河流域的"盐爷爷"的美丽传说将两大水系紧密相连，体现出"盐神"的"俗"性与"神"性的对立与融合。同样，位于黄河流域的定西市漳县也高度重视盐文化的挖掘、整理、研究与宣传，精心打造盐井镇，巧打"盐"文化牌，擦亮地方文化品牌，增强地方旅游产业的文化品质与内核。

漳县地方政府十分重视漳盐文化的开发和利用，每年正月十五都组织开展漳盐文化会演，盐川花儿颇受人民群众、民俗爱好者及专家学者的喜爱与推崇。中国民俗协会副会长、兰州大学教授柯杨曾深入盐井镇演唱盐川花儿。漳县本地擅长演唱盐川花儿的民间艺术家有孙吉胜、王宇、卢凤英、徐亚莉、高随香等。勤劳质朴的漳县人民创作出了为数不少的以赞颂漳盐文化为主题的诗歌、秧歌、花儿。王万有的《装盐客》《卖盐路上》《八唱盐川寨》《背盐》《走洮州》和吴贵福的《野花儿》、冯国桢的《花儿声声不离盐》、李作枢的《盐花儿》、李兴魁的《换盐的哥哥我相思你》等都是以漳盐文化为主题的花儿。

漳县盐史馆"宝井汲玉"

这些以凸显漳盐文化为主的民间文艺作品具有鲜明的地域特点，也富有强烈的感染力，为漳县盐文化旅游产业的发展注入了活力与动力。在漳盐文化民间"花儿"作品中，吴贵福的《野花儿》最具代表性：

一

土黄色的骡子远走新疆，走时你把我带上，
咱把盐当作冰糖，苦咸不入我心里。

二

十月盐井有庙会，只要人来到会上，
各种盘缠都管了，你来盐井浪一回。

六

砖盐咸还是水盐咸，水盐比砖盐更咸，
水盐咸里带苦哩，我吃砖盐有瘾哩。

漳县盐井镇盐史馆

（二）盐文化与旅游产业融合发展的现状

盐文化主题旅游项目建设成效显著。礼县盐文化旅游产业起步较晚，发展缓慢。目前，礼县盐官镇将南街改造为仿古风格的"盐井古街"，同时对盐井祠及其周边地区（约 30 亩①）进行较大范围的改造，现初步扩建为礼县盐文化广场，有盐婆婆的塑像、秦人兵团的群体塑像、"诗圣"杜甫的塑像，还有一座雄伟的广场大殿。盐文化广场是开放式文化旅游广场，展现了盐官因盐而兴的秦文化、盐文化和马文化。该广场总规划预算 1.2 亿元，一期总投资 3192.61 万元，占地约 40 亩，其中展馆 2088 平方米，商铺 2423.9 平方米，绿化及基础建设面积约 2.3 万平方米，主要建设盐井祠广场展览馆、盐井祠广场商铺和旅游景区基础设施；二期将投资（专项债券、贷款融资）建设盐浴中心项目。古老的土法熬制井盐工艺被列为省级非物质文化遗产。古色古香的建筑风貌为这座西北历史文化名镇平添了几分独特色彩，体现了陇蜀交叉地带"盐"文化历史名镇的显著特色。

盐官镇按照念好"文化经"、打好"盐字牌"、走好"商业路"、共享"文旅果"的发展思路，采取由政府主导、公司运营、商业运作的发展模式，进一步打造以盐马文化为灵魂、以广场商街为载体的休闲体验、餐饮娱乐、商贸流通文化旅游综合体，进而带动盐官镇及周边乡村旅游经济发展，赋能乡村振兴。

---

① 1 亩约合 666.67 平方米。

盐井古街

盐文化主题碑刻及文学遗产厚重丰富。礼县盐官镇盐井的碑刻、匾额、典籍和书画颇多，其中（明嘉靖二十六年）《重修盐官镇盐井碑记》、清代《盐泉赋》、民国《甘肃盐法志略》等文献保存完好，这对进一步挖掘研究盐井历史文化具有较高的参考价值。盐井祠经过了翻修，布局上进行了调整，增添了部分文化题壁，悬挂了富有意蕴的文化楹联，每年组织一次大范围的盐井祠庙会，以祭拜"盐婆婆"，并欢送其赴黄河流域的漳县与"盐爷爷"相会。

盐井祠内原存刻有重修盐官镇《盐井碑记》石碑一座，其碑文基本清晰可辨，但原碑因保管不慎，今已遗失。其碑文依据王殿元编著的《西和县志》记录如下：

> 天不爱道，地不爱宝，亶乎其然。宝藏之兴，固有金玉锡铁铜矿；而济世犹见盐之为物，生民不可一日而乏者。西和治东，古迹汉诸葛祠，祁山堡东盐官镇，古有盐井。我大明编户一百五十家，日支水五百斗，月收盐三百六十五斤有余。不惟有益于一方之生民，□□济遐方之用运。不意嘉靖十二年十月初九日戊辰，其井忽崩坏，至次日，西南隅塌一角，水涸五日，义官何论并灶户呈其事，知县魏尚质同诸父老，设香案虔祷，其水复出。大巡王公绅少，方伯刘公存学，即命秦州同知郎中于光宇督工，散官左宗宽，老人赵嘉鼎建如旧。访父老，究其井之源头，虽有石碑，因年久碑文脱落大半，命洗涤垢玷，谨寻摸其一二，谓井之源流肇自后周，有异僧志恭，噀水于地，后为咸池。

至唐贞观间，尉迟敬德田猎于此，流矢中兔，其兔带矢之地，遂掘而成井。唐杜甫有诗，具述其所由来故。至宋淳熙元年，开封刘规，掌其出纳国税。越两冬，暴风起于西北隅，井随地而大坏。规思然莫知所从，呈于有司，调长道、天水、大潭三县夫役，仍委知长道县事兼兵马都监宋珏重建井。功完，水仍涸。公设香案再拜，而井水涌出，诚意感格之速，其井遂成，世世以至于今。其盐，西南通徽、成、阶、文、礼县、汉中，东通秦陇，凡舟车所至，人力所通，靡远弗济，又为国助，边储有所赖，通商货利无不益。余旁搜博访，遍考史册，秦之陇西，汉之天水，宋之汉阳，皆此地也。肇启于此，迄今千载余矣。诸父老慨然兴怀，见旧碑脱落颓坏，恐世后盐井源流久而失传。佥诸属今为记，予乃镌磨旧碑之迹，管一述之云，仍备录事实于碑，后之人奕世相传，庶知其所由来矣。则后之视今，非犹今之视昔也哉！固勒石，以志不朽。

嘉靖丁未正月吉旦立。乡进士知西和县事、文林郎太原杨典撰。

该碑文既介绍了盐井祠的具体地理坐标，又整合了几类关于盐井源起的神话传说，同时还阐明产于此地的井盐通过陇蜀古道（陆路）和西汉水道（水路）销往汉中、阶州、天水等地，解决民众对食盐的刚性需求，促进了盐业经济的活跃与发展。这也从另一个侧面说明了当时井盐的产量应该十分可观。据清光绪版《礼县志》记载，光绪年间，盐官镇的盐民多达 250 余户，产销量达 200 多万斤，征银达 2000 多两。

清代无名氏创作了以盐官镇盐井为题材的《盐泉赋》，介绍了盐泉水源、卤城来历、盐泉的历史变迁，描述了盐泉源源不断的水势和晶莹剔透的盐粒，确是一篇关于盐泉的艺术佳作。陇南师范高等专科学校温虎林教授认为《盐泉赋》系礼县籍清末例授儒学生员王文权所作。

《盐泉赋》内容如下：

盐泉赋

清·佚名

有泉焉，渊源靡暨，济漾不穷，迹垂千古，惠流于今。巨源发于汉北盛名播于陇南，沟浍之盈，不足比其清雅；川泽之会，悉足同其浪润。虽非江海之流派，润下作咸，纵无胶鬲之来举，所运为盐，缅怀遗迹,自古有年,汉称卤城,实此之源。历唐与宋,几经出没之象;迄元至明,不少溃冲之迹;及乎大清定鼎,是以凿筑得详,集七邑之狐腋,成一邑之巨观。金鸡飞藏,不必究其原尾;玉兔奔驰,不必穷其颠末,则见源泉混混,不舍昼夜,往来纷纷,共获乐利。汲者汲,荷者荷,赓歌于晶亭之上;浸者浸,润者润,谈笑于汉水之旁。一派巨流,涌出无限琼浆;几杯清净,结成百般甘露。

是泉也,调和千百里,供养亿万家,渭渭玲珑映月,点点珠玑似玉。非贪泉之横流,非盗泉之暴露,非野泉之冲突,涓埃无补,非下泉之漫流,你润洋滋,故其势之汪洋也。如廉泉之汹涌,其机之活泼也。如沃泉之澎湃,其清且美也。似甘露之滔滔,其馨且醇也。似酿泉之漫漫,□□□□□□。虽不能舆洗墨池,写成诗赋,竟依然炼烹丹灶,是若银沙。原为之临泉而赋曰:名流千载似此泉,胶鬲何时先着鞭。不有渔翁来道破,百虑千愁终难宣。

"盐圣母"殿的柱子上还有一副楹联,词句工整,颇具意蕴。

上联:神开鸿图长道雄关一邈清井涌腾五味之冠香华夏

下联:圣遗翰迹高歌杰地三陇河山光耀九州斯雍昭千秋

在进入"盐圣母"殿的前门两侧也有一副对联,述及盐井的发现以及"盐婆婆"神通广大,施恩于本地盐民。

上联:玉兔现井迹盐水成惠

下联:圣母显妙秘化零结卮

当然,盐官镇的"盐文化"与以"骡马交易"为代表的畜牧业之间存在紧密的联系。先秦时期,秦人先民就在此牧马,这一区域适合马匹等大型牲畜繁衍生息。加之有盐井的存在,生长于此地的马匹体格健壮,擅长长途奔跑,成为冷兵器时代极其重要的战略资源,大大增强了军队的机动性能和作战能力。盐官也是西北地区影响力很大的骡马交易市场,目前,"骡马市场"仍在进行大型牲畜的交易,但规模与影响力已远远不如从前。

(三)礼县盐文化与旅游产业融合发展的不足之处

城镇早期规划滞后,历史文化意识欠缺,破坏较大。礼县盐官镇是甘肃省小城镇建设的试点建制镇，政策机遇很好，但城镇早期规划执行明显滞后，将原来绕城而过的徐合公路（西和县、礼县至天水徐家店公路）主干道取直拓宽，全面改造。盐官镇街道两侧的数量众多古朴典雅的店铺被拆除重建。20世纪90年代末期，盐官镇老城墙被拆除，这对盐官古镇珍贵的历史遗存破坏极大，甚为可惜！

文化视野存在局限性。城镇文化建设过程中缺乏学术文化理论的支撑，对国内相近相似文化的城市及城镇建设了解、借鉴较少。比如，四川省自贡市就是着力打造、重点凸显"盐文化"的城市。自贡市是我国重要的井盐主产区，自贡市盐文化博物馆还保存有很多用来生产井盐的"天井"等大型木质设备，在井盐生产工艺与传承方面做得很好。这体现了地方政府与民众对特色非物质文化遗产的重视，政府的引导支持和民众的自觉守护都是极其重要的。

（四）对礼县盐文化与旅游产业融合发展的建议

地方政府在实施城镇改造工程建设及开发特色文化旅游项目之前，可以邀请市内外专家学者召开专题研讨会，广泛听取业内人士的专业性建议，确保各项工程建设及项目开发具有鲜明的地域文化特色。

可以将"盐文化"与"马文化"有机结合起来，拓展盐文化的内在意蕴。在盐井古街基础上，建设盐官镇美食民宿特色文化街区，留得住游客，才能促进当地旅游经济发展。可以考虑改造、升级盐官镇骡马交易市场，让外地游客实地了解古代骡马交易的手语、程序、行情等。

可考虑将穿城而过的公路改道，尽可能恢复老街店铺原有的风貌（青瓦平房、长条椅、朱红色穿插组合式门板等）。

可以借鉴四川省自贡市建筑的某些特点，考虑以盐井祠为核心，兴建数字化盐文化博物馆或者文化产业园区，将原来生产制造井盐的器具、锅灶、场景、程序等展示给世人，让游客身临其境地了解盐官井盐的生产过程及其对当地民众生存与发展的重要意义，领略盐文化的独特魅力，增强游客对盐官古镇文化的认知与体味，进而提升盐官镇在旅游市场上的知名度和美誉度。

盐文化的宣传与打造方面要突破地域的局限，可以与定西市漳县紧密合作，围绕"盐婆婆"与"盐爷爷"的传说，着力打造盐文化旅游名镇，进而促进礼县盐官镇与漳县盐井镇的交流与合作。

（五）礼县盐文化旅游产业的经济效能

2019 年，礼县盐官镇贫困人口 1452 人，脱贫人口 1060 人，年初人均可支配收入 7120 元，年底人均可支配收入 7900 元；2020 年，盐官镇贫困人口 348 人，脱贫人口 348 人，年初人均可支配收入 7900 元，年底人均可支配收入 8680 元。每年夏季、秋季参观盐官古镇的游客数量众多，带动了当地餐饮、交通、住宿等产业发展，文旅产业扶贫的社会效应显而易见。礼县政府在盐官镇投资兴建了盐井祠旅游景区，力争将盐官建成陇上历史文化旅游名镇，从而拉动地方文化旅游产业大发展。

三、三国文化与旅游产业

（一）陇南三国文化概况

陇南地区是"三国"文化的富集区域，比如：诸葛亮六出祁山，现有礼县祁山武侯祠；诸葛亮北伐曹魏时智收卤城（三国时期礼县盐官镇被称为卤城）小麦，射杀曹魏大将张郃于天水礼县交界处的木门道；还有邓艾灭蜀的桥梁、古道与山岭（宕昌县的邓邓桥、文县的阴平古道和摩天岭）……这些三国文化遗址与甘肃省天水市的街亭、南安，陕西省汉中市的定军山、褒斜古道、傥骆古道及四川省广元市剑阁雄关、江油关等紧密相连，由此构成了陕甘川三省毗邻区"三国文化"主题精品旅游线路，文化特色鲜明，发展潜力巨大，具有良好的文化旅游产业开发与发展前景。

1. 祁山武侯祠

祁山东至天水境内，西至礼县大堡子山，沿西汉水北岸绵延数百里，系自甘（陇）入川的重要关口，也即三国时期蜀汉丞相诸葛亮北伐"六出祁山"中的"祁山"。祁山堡是诸葛亮统帅三军、挥师北上进攻曹魏的营堡，傍水顺山势而建，始建于西汉。后人在祁山堡上建有祭拜孔明的武侯祠（又称武侯庙），主殿内有诸葛亮的塑像，祠内四周立着赵云、魏延等北伐时期的武将塑像，还有部分文臣塑像。武侯祠周边还有藏兵湾、点将台、西县古城等多处三国文化遗址。当地每年农历四月初一到初四举办庙会，主要形式是秦腔表演。趁此机会，也有很多民众前来祁山武侯祠拜祭诸葛丞相。关于"祁山"这一地名，目前国内说法不一，观点各异。有观点认为，"祁山"应指陕西省岐山县，但学术界普遍认可的"祁山"还是指礼县西汉水畔的这条山脉。目前,民间提及的"祁山"大多具化为"祁山堡",这显然是不严谨的,缺乏科学性。

礼县祁山堡山门

《三国志》载:先帝东置合肥,南守襄阳,西固祁山……地有所必争也。合肥、襄阳是曹魏政权东、南方向的军事要塞,祁山则是天水郡西县的一处具有军事战略意义的关隘,连接着汉中、天水以及关中,所以曹魏对祁山也十分重视。后来诸葛亮"六出祁山"北伐魏国,可见祁山的极端重要性。蜀汉后期,大将军姜维在祁山及其以西地区与魏军周旋了 20 余年。《水经注》载:祁山在嶓冢之西七十许里,山上有城,极为严固,昔诸葛亮攻祁山即斯城也。①由此可见,祁山在三国历史进程中(尤其在蜀汉北伐曹魏战略中)具有极其重要的战略意义。

祁山堡下广场有一家名曰"诸葛寨"的农庄,包厢以诸葛帐、子龙帐、伯约帐等命名,具有浓郁的三国文化气息,还有一桌名曰"六出祁山"的美食套餐,其中有一道"孔明蒸肉"更是让人平添了几分对诸葛亮的怀念。据当地民众介绍,"孔明蒸肉"这道菜发明于蜀汉北伐曹魏之际,从蜀汉军营中传至民间。也有一种说法是该菜系诸葛亮创造,祁山百姓品尝后赞不绝口,其做法保留至今。

武侯祠门口西侧还有两座清代碑刻,一是《重修祁山武侯庙并建祀田记》,

---

① 独小川:《祁山史地考略》,《陇南文史》内部资料。

清顺治十年（1653年）何承都撰文，苏世科立石。碑高170厘米，宽97厘米，楷书19行，满行32字，字大小约4厘米。二是《谒祁山武侯祠诗二首并跋》，清光绪二十四年（1898年）王兆鼎作诗并书，王化南摹刻并题跋。碑高158厘米，宽63厘米，王兆鼎诗文行书7行，字大小2～7厘米，行书跋3行。王化南题识楷书2行，字大小约1.8厘米。

《重修祁山武侯庙并建祀田记》碑文如下：

重修祁山武侯庙并建祀田记

壬辰冬孟，后学承都奉命两河，巡行天水，道经祁山，谒侯庙，览形势。四峰簇拥，两水环带，东则关山雄峙，西则五凉上流，盖秦蜀之要道，而中原之资武也。余小子承都再拜，周视历年倾圮，遗像俨然，烟火杳沉，吊古余憾，有述必兴，存乎其人。或曰："侯六出斯地，慑司马之胆，舒炎精之微，俾睿懿终身不敢窥巴中半步者，六出之威，有以震压之也。"或曰："侯草庐指定三分，吞吴遗恨，伊不能为者，天也。"余读杜少陵诗"伯仲伊吕"，然为伊吕易，为侯难。伊自还桐，功成身退矣；八十老叟，营邱封矣。侯负孺子，以控魏吴之间，鞅掌祁山、五丈原，驱驰身歼，盖其心以恢复王室为心，明一日不敢忘汉也，犹之周公不敢离成王也。夫辟谷从赤松子，周旋调护于捍后屡主，以自全其身名。与食少事烦，鞠躬尽瘁；于强敌弱祚，以自明其忠勤，厥功异，厥心同焉。《诗》云："高山仰止，景行行止。"虽不能至，心窃向往之。既重新之，复谋香火祀田而绵构焉。爰为之记。

顺治癸巳春正正月元日。巡按陕西甘肃监察御史温陵后学何承都拜书。文林郎知礼县事苏平蓝。

《谒祁山武侯祠诗二首并跋》碑文如下：

检点琴书剩此身，兰仓晓发正逢春。柳因露重先含别，鸟趁凤翔欲送人。几处桑田惊旧梦，等闲心事付征尘。徘徊我愧无遗爱，但祝皇天雨泽匀。(《兰仓晓发》)

行行且住思无边，况值祁山日暮天。驻马独来寻往迹，挥戈倚共话当年。三分未定祠空祀，万灶无踪草自烟。从古伤心惟国耻，鞠躬谁更似侯贤。(《祁山晚眺》)

余解组兰仓，适值岁试，曾于终场，拟是二题，命诸士同赋，有王生文山制长句，颇近风人之旨，因用其韵，各赋一章。顷文山见过，遂录示之，以博一粲。工拙非所计也。湘乡王兆鼎书于天水旅邸。

邑侯筠邻王老夫子，工书，尤善诗，邑之人得其书者或多，而诗则鲜有见之者。化南素不解吟，以夫子命，勉应七律二首，冀有以教之也。日者化南至州进谒，果出前诗见示，即乞书之长幅，归而摹诸石。时光绪戊戌夏日也。门生王化南谨识。

《重修祁山武侯庙并建祀田记》《谒祁山武侯祠诗二首并跋》碑文均来源于《陇南金石题壁萃编》。这些碑刻都已成为祁山武侯祠遗址的重要组成部分，更成为三国文化的历史赓续。

礼县祁山堡俯瞰图

2. 铁笼山遗址

铁笼山在礼县城南江口乡境内，距离县城约 20 千米。沿西汉水西向前行，经过陡峭险峻的松林子峡，进入江口乡境内，就能看见形状如鸟笼的铁笼山，《三国演义》中蜀汉大将姜维曾围困司马昭于此。20 世纪 90 年代初，当地民众在耕地时曾发现戈、铜箭镞等，还发现 1 枚刻有"军司马印"的方铜印。

目前，与礼县相邻的天水市武山县也在极力宣传打造三国文化旅游胜地——铁笼山三国古战场遗址（武山县高楼乡境内，与定西市漳县相连）。铁笼山景区主要由灯笼缝、大士庵等组成。明万历《宁远县志》载："铁笼山，又名斗底山，其状如斗，依山立寨以避兵，有古迹龙山、空蝉、观音三寺。"在田野考察时，研究团队发现，铁笼山下有泄兵村、斗敌村等村庄，从村名来看，似乎有浓烈的战斗历史气息。所以，铁笼山到底在礼县还是在武山县境内，还有待结合历史考古推进，对其具体地望，目前学术界仍处于研究探索阶段。

武山铁笼山远眺

3. 宕昌县邓邓桥

蜀汉后期，姜维曾向后主刘禅请示屯兵沓中，主要以种粮练兵、保存实力为目的。后来为了确保蜀都安全，姜维退至剑门关防守，以阻止邓艾率领的曹魏军队进入川蜀大地。宕昌县境内的花石峡是自甘（肃）入（四）川古道上的一道重要关口（花石关），是重兵防守的战略要津。魏军到达宕昌县境内的花石峡时，水流湍急、凶险异常的岷江挡住了魏军南下入川的行军步伐。邓艾遂下令架桥，军士开凿石崖，砍树伐木，经过多日昼夜不停的劳作，以花石峡江岸岩石为桥墩，把椽木并列捆绑镶嵌在岩石内，一层叠加一层。最后，在中间搭上结实的木板，简易的渡江桥梁便修建而成。魏军越过岷江，经武都，进入阴平古道，裹毡翻越摩天岭，直抵江油关，从此便势不可挡，直取成都，蜀汉政权从此灭亡。岷县和武都的地方志记载，因此桥为邓艾父子率军入蜀时修建，所以后人便称之为"邓邓桥"。

在花石峡中，现留存有南宋的鲁班崖摩崖、明嘉靖年间的通北口摩崖、清康熙年间的候儿坝摩崖及尖佛嘴摩崖等历代碑刻。这些碑文有些是记事，有些是抒情，既有隶书，也有楷书，集文学价值、书法艺术、考古价值于一体，很有底蕴，很有意义，值得搜集整理、深入研究。

现宕昌县邓邓桥为后世重修

花石峡以北山坳里有一个名叫"邓桥村"的村庄，村民有 100 余户，据说是三国时期邓艾留下来守桥军士的后代。当年邓艾为确保全军后路，安排一营军马守护此桥，留守士兵获知主帅邓艾离世的消息后，为纪念主帅全部改为邓姓，并在此居住下来，繁衍生息，遂有今日的邓桥村。清代诗人陈如岗曾写有一首描写邓邓桥的诗："束马悬车不易行，崎岖险道出阴平。当年人抗期期诏，此日桥留邓邓名"。

4. 阴平古道、摩天岭

陇南市文县古称"阴平"，氐族曾在南北朝时期于此地建立阴平国。阴平古道，是指从甘肃省文县进入四川省的古代通道之一。阴平古道因三国时期邓艾率魏军偷渡阴平、翻越摩天岭灭蜀而声名赫赫，闻名天下。

阴平古道始于文县鹄衣坝，翻越摩天岭，进入四川省广元市青川县唐家河，到达绵阳市平武县江油关。《读史方舆纪要》载：入蜀三道主要是峡江道、金牛道、阴平道。阴平古道自文县东南经丹堡、刘家坪翻越摩天岭直达平武入川。邓艾入川正是行走的这条路线。阴平古道陡峭凶险，除了当地农民行走，很少有行人，在冷兵器时代，只有必要的战争需要才选行此道。阴平道上最险要的是摩天岭。摩天岭位于川甘两省交界处，海拔约 2300 米，东西绵延近百千米，属于岷山山系。邓艾偷渡阴平道，下令众军士裹毡滚下摩天岭，摔死者不计其数，然而生还者却斗志昂扬，直取蜀都。

文县阴平古道石碑

摩天岭山顶曾修建有孔明庙，现已颓废，只剩下残垣断壁。阴平古道上还留下了许多与魏将邓艾有关的遗迹，有磨刀石（军士磨刀的石头）、印合山（盖印的山头）、鞋土山（抖落鞋土的山头）、落衣沟（邓艾丢失衣服的山沟）、射箭坪（练兵的山台）等。每一处遗迹都有许多富有传奇色彩的故事。1978年，国家将甘川两省接合部的摩天岭区域划为自然保护区；80年代又成立了唐家河自然保护区。唐家河自然保护区和青溪古镇融为一体，现已成为青川县著名的生态文化旅游景区。

文县摩天岭牌楼

（二）三国文化与旅游产业融合发展的现状

礼县的文化旅游品牌主打"先秦文化"牌和"三国文化"牌，被称为"秦皇祖邑""三国胜地"，文化厚重，但开发利用还不够。看过电视连续剧《三国演义》的人普遍知道诸葛亮"六出祁山"的故事。"祁山"成为礼县三国文化最亮丽的"金名片"。从2022年开始，在祁山武侯祠早年开发的基础上，礼县充分挖掘当地深厚的三国历史文化底蕴，着手打造礼县祁山三国文化产业园。通过礼县三国文化产业园项目建设区鸟瞰效果图可以看到，祁山综合服务中心、兴汉坊市区、北伐大营区、躬耕田园区等景区设计规划气势宏伟。

据礼县文化体育广电和旅游局负责人介绍，正在兴建的三国文化产业园项目建设估算总投资13.86亿元，属于甘肃省列重点建设项目，也是陇南秦汉文化产业带的重要组成部分。该项目自2022年8月开工建设，一期项目占地面积96亩，投资2.96亿元。目前，门景综合服务区主体楼及外饰工程已完工，古镇民房风貌改造、雨污管道铺设及小巷道硬化即将完工，祁山堡配套设施提升改造、景观大道管网改扩建及景观节点打造工程进展顺利。

三国文化产业园以武侯祠为核心，总占地规模约1600亩。项目策划以祁山三国文化为背景，打造集"三国主题旅游、历史穿越体验、户外亲子拓展、田园自然体验、地方文化传承、乡村产业振兴"于一体的全业态、全要素的穿越三国旅游体验地。项目建成后，还将进一步完善祁山武侯祠景区旅游基础设施，改善景区旅游环境，提高旅游接待能力，完善旅游公共服务体系。该园区将成为礼县全域文化旅游的新起点、助力乡村振兴的新引擎、对外宣传礼县的新名片，也将有效带动全县乃至全市文化旅游产业发展。同时，礼县还充分发挥以文旅为核心的三产融合示范带动效应，带动当地农特产品精加工、深加工及市场化销售，为当地群众提供旅游服务等直接性就业岗位，并通过引导和扶持当地群众参与旅游开发和服务经营，切实增加群众经营及务工收入，带动相关产业增值5亿~10亿元。

从着力推动文化旅游产业大发展、实现大跨越的角度出发，礼县精心打造了"秦西垂寻根游""三国古战场游""盐井古街体验游""秦皇湖休闲游""大香山、翠峰山水、上坪草原生态康养游"等5条文化主题旅游线路，还配套出台了《礼县文旅康养产业链建设方案》，打造文旅康养示范村9个、样板村3个，扶持发展了一批农家乐、农家客栈及部分文旅商品开发企业。礼县围绕"加快构建陇上文化旅游名县"发展目标，牢固树立"大文化、大融合、大项目、大景区、大旅游、大产业、大发展"理念，坚持以项目为支撑，高起点谋划，市场化运作，优先性保护，全链条融合，品牌化打造，整体性推进，高质量发展，巧打"先秦""三国"文化牌，全面推进文体融合、文旅融合、农旅融合、工旅融合，助推文化旅游产业提档升级，实现文化旅游产业高质量发展。

相比祁山武侯祠景区，礼县铁笼山三国古战场遗址则显得寂寥许多，至今没有任何的挖掘、研究与宣传。武山县很重视铁笼山三国古战场遗址的宣传工作，在连霍高速武山县境内（从天水市向兰州市方向）沿线悬挂大幅宣传图标，方便南来北往的游客沿途了解武山县的三国文化遗址。这也是吸引游客、促进文化旅游经济发展的有力举措。

目前，礼县祁山武侯祠周边的藏兵湾、汲水洞等遗址也未挖掘、开发、展示，也没有对诸葛亮北伐的战略目标、进军路线与陇蜀古道之间的联系等有所呈现或讲解。这需要专业团队挖掘与研究，再将其转化为可听可见的历史故事和文化景观。专业队伍的匮乏在很大程度上影响并制约了礼县以"三国文化"为主题的旅游产业的发展。

宕昌县邓邓桥是三国时期魏国大将邓艾沿岷江南下灭蜀战略中遗留下的重要建筑遗产，对考证研究三国时期桥梁建造技术、利用水利地势、洮岷迭潘—沓中古道研究和文化旅游产业开发，促进地方经济社会绿色发展具有十分重要的历史价值和现实意义。但宕昌县主打的文化旅游品牌是自然山水（以官鹅沟为代表）和红色文化（以哈达铺镇为代表），对邓邓桥等陇蜀古道文化遗址或三国文化遗址缺乏足够的重视。如果地方政府注重各类文化旅游产业协调发展，既能丰富县域文化旅游资源，又可以让更多的游客感受到不同的文化熏陶，从而增强游客文化旅游的新鲜度和认知度。

文县阴平古道历史悠久，文化积淀深厚。摩天岭因邓艾裹毡滚下，直扑江油关灭蜀而闻名。摩天岭地区森林覆盖率很高，动植物资源多样性特点十分明显，加之有广元市青川县青溪古镇的建设改造，将生态自然景观与古镇人文景观融为一体，具有很高的生态观光价值和历史文化价值。但文县主打的文化旅游品牌是白马藏族民俗文化，对以阴平古道、摩天岭为代表的三国文化和古道文化未给予足够的重视与开发，与相邻的四川省广元市青川县相比，差距较为明显。青川县开发打造了青溪古镇和唐家河自然保护旅游区，标识了阴平古道和摩天岭的相关地点，外地游客在游览、体验甘川交界地带暖温带动植物多样性的同时，还能了解三国后期邓艾翻越摩天岭直扑成都灭蜀的历史故事。所以，这一地区文化旅游产业发展的潜力巨大。

（三）对陇南三国文化与旅游产业融合发展的建议

相关县区政府要高度重视文化元素与旅游资源的融合发展。地方政府是产业带动、经济发展的推动主体，可借鉴文旅产业发展良好的四川、陕西等相邻省份的有关做法。

要树立打造精品文化旅游路线的观念。从大的方面来看，可联合打造陕甘川三省毗邻区"三国文化"精品旅游环形线路。从小的方面来看，陇南与天水、汉中、广元相邻县区接壤，文化依存度很高，如礼县与武山县（铁笼山古战场遗址）、秦州区（木门道）、麦积区（街亭）有很强的关联性。以礼县祁山武侯祠为核心的三国文化遗址可与近在咫尺的天水秦州区的木门道、街亭（温泉，距离麦积山景区较近）等遗址连接形成三国文化旅游精品线路。宕昌县、文县与广元青川县、平武县、九寨沟县的关联度也很高，应打破行政区划壁垒，共建三国文化旅游产业圈。其实，三国文化本身具有一体性，可以建立陕、甘、川毗邻区（天水、陇南、汉中、宝鸡、广元）三国文化旅游产业协同发展的创新试验区。

"贵州秉承'以文塑旅、以旅彰文'的发展思路，以创建全域旅游示范省为统领，着力推动文化旅游深度融合发展，有效提高产业附加值，延伸产业链，产生叠加放大效应，通过提质增效助推游客数量持续增长……"[①]在文化旅游深度融合方面，贵州模式值得甘肃思考、学习与借鉴。

（四）礼县祁山三国文化旅游产业的经济效能

以祁山武侯祠为代表的三国文化已成为礼县中部地区文化旅游产业发展的新引擎。2020—2022年，礼县累计接待游客430.7万人次，实现旅游综合收入23.4亿元。仅2023年上半年就接待游客145.8万人次，实现旅游综合收入8亿

---

① 王红霞：《乡村振兴背景下文化旅游扶贫的贵州实践》，《新西部》，2021年第2-3期合刊。

元，较 2022 年同期增长 217.1%。

2019 年，祁山武侯祠接待各地游客 2500 人，门票价格 20 元/人，收入 5 万元；2020 年，接待游客 3800 人，门票收入 7.6 万元；2021 年仅上半年就接待游客 2900 人，增幅十分明显，经济效益更加凸显。

2019 年，祁山镇将产业扶贫作为突破贫困堡垒、巩固脱贫成果的重要举措。全镇 8 家带贫合作社实现了 800 元保底分红，提高了贫困群众收入，增强了脱贫实效。2020 年，祁山镇稳定脱贫 81 户 308 人，762 户 3204 人建档立卡贫困群众全部脱贫。祁山镇 7 家合作社带贫产业不断壮大，为 216 户入股贫困户实现分红 17.28 万元。

四、唐宋文化与旅游产业

（一）杜甫草堂

杜甫（712—770 年），字子美，唐朝著名现实主义诗人，被称为"诗圣"，其诗被称为"诗史"，是唐诗思想及艺术的集大成者。

公元 759 年，杜甫从秦州出发，经铁堂峡、盐官、西和，抵达同谷（今成县），在飞龙峡青泥河畔西南侧坡地修建了极其简陋的草堂，以供家小栖身之用。草堂后倚峻峭挺拔的鸡峰山脉，前瞰滚滚南流的青泥河水。每逢初春时节，气温回暖，桃花盛开，到处绿树成荫，青竹翠翠，山水相映成辉，不愧为一块风水宝地。杜甫寓居同谷期间，创作了许多脍炙人口、意境优美的诗歌。本地民众为了纪念杜甫，在他曾居住的旧址及周边兴建了杜公祠。《成县志》载：唐乾元年间，子美居此避难，建草亭，作同谷七歌及凤凰台等诗。

公元 759 年秋，"安史之乱"爆发 4 年后，杜甫为避难，携家眷自秦州向西南方向的同谷（今陇南市成县）进发。在同谷期间，杜甫饥寒交迫，挨饿受冻，寓居约一个月后，离开同谷前往成都。杜甫在此期间创作出《乾元中寓居同谷县作歌七首》《凤凰台》《万丈潭》《泥功山》《发同谷县》等诗篇，其中《乾元中寓居同谷县作歌七首》（简称"同谷七歌"）在文学史上影响巨大，描绘了颠沛流离的生存状况，抒发了老病穷愁的人生感喟，大有"长歌当哭"的意味。杜甫让这座"千年古县"充满了浓浓的诗意。如今，成县也成为当之无愧的"唐诗之路"上重要节点城市。

杜公祠正殿

乾元中寓居同谷县作歌七首
杜甫

其一
有客有客字子美，白头乱发垂过耳。
岁拾橡栗随狙公，天寒日暮山谷里。
中原无书归不得，手脚冻皴皮肉死。
呜呼一歌兮歌已哀，悲风为我从天来。

其二
长镵长镵白木柄，我生托子以为命。
黄精无苗山雪盛，短衣数挽不掩胫。
此时与子空归来，男呻女吟四壁静。
呜呼二歌兮歌始放，邻里为我色惆怅。

其三
有弟有弟在远方，三人各瘦何人强。
生别展转不相见，胡尘暗天道路长。
东飞鴐鹅后鹙鸧，安得送我置汝旁。
呜呼三歌兮歌三发，汝归何处收兄骨。

其四

有妹有妹在钟离,良人早殁诸孤痴。
长淮浪高蛟龙怒,十年不见来何时。
扁舟欲往箭满眼,杳杳南国多旌旗。
呜呼四歌兮歌四奏,林猿为我啼清昼。

其五

四山多风溪水急,寒雨飒飒枯树湿。
黄蒿古城云不开,白狐跳梁黄狐立。
我生何为在穷谷,中夜起坐万感集。
呜呼五歌兮歌正长,魂招不来归故乡。

其六

南有龙兮在山湫,古木巃嵸枝相樛。
木叶黄落龙正蛰,蝮蛇东来水上游。
我行怪此安敢出,拔剑欲斩且复休。
呜呼六歌兮歌思迟,溪壑为我回春姿。

其七

男儿生不成名身已老,三年饥走荒山道。
长安卿相多少年,富贵应须致身早。
山中儒生旧相识,但话宿昔伤怀抱。
呜呼七歌兮悄终曲。仰视皇天白日速。

凤凰台

亭亭凤凰台,北对西康州。
西伯今寂寞,凤声亦悠悠。
山峻路绝踪,石林气高浮。
安得万丈梯,为君上上头?
恐有无母雏,饥寒日啾啾。
我能剖心血,饮啄慰孤愁。
心以当竹实,炯然无外求。
血以当醴泉,岂徒比清流?

所重王者瑞，敢辞微命休。
坐看彩翮长，举意八极周。
自天衔瑞图，飞下十二楼。
图以奉至尊，凤以垂鸿猷。
再光中兴业，一洗苍生忧。
深衷正为此，群盗何淹留。

万丈潭

青溪含冥寞，神物有显晦。
龙依积水蟠，窟压万丈内。
蹋步凌垠堮，侧身下烟霭。
前临洪涛宽，却立苍石大。
山危一径尽，岸绝两壁对。
削成根虚无，倒影垂澹瀩。
黑知湾瀼底，清见光炯碎。
孤云到来深，飞鸟不在外。
高萝成帷幄，寒木垒旌旆。
远川曲通流，嵌窦潜泄濑。
造幽无人境，发兴自我辈。
告归遗恨多，将老斯游最。
闭藏修鳞蛰，出入巨石碍。
何当暑天过，快意风云会。

泥功山

朝行青泥上，暮在青泥中。
泥泞非一时，版筑劳人功。
不畏道途永，乃将汩没同。
白马为铁骊，小儿成老翁。
哀猿透却坠，死鹿力所穷。
寄语北来人，后来莫匆匆。

发同谷县

贤有不黔突,圣有不暖席。
况我饥愚人,焉能尚安宅?
始来兹山中,休驾喜地僻。
奈何迫物累,一岁四行役!
忡忡去绝境,杳杳更远适。
停骖龙潭云,回首虎崖石。
临岐别数子,握手泪再滴。
交情无旧深,穷老多惨戚。
平生懒拙意,偶值栖遁迹。
去住与愿违,仰惭林间翮。

《乾元中寓居同谷县作歌七首》《凤凰台》《万丈潭》《泥功山》《发同谷县》等诗篇既描写了同谷的地形地貌,又反映了以诗人为代表的广大百姓战乱颠沛流离、受冻挨饿的生活窘境。这些诗歌现成为成县丰厚的精神文化遗产。

杜公祠

杜公祠又称杜少陵祠,当地民众则习惯称之为"杜甫草堂",是国内近 40 处草堂中历史最久的,所以民间也有"天下草堂千万家,当数同谷第一家"的说法。在不同历史时期(宋、明、清、民国),当地官方及民间对草堂进行了多次翻修补修。草堂内至今仍存有南宋、明代的多座诗歌碑刻。现在的杜甫草堂已经重新设计、规划建设，祠堂、碑刻、长廊、竹林、花草融为一体，山清水秀，风光旖旎，美不胜收，让人流连忘返，已成为成县唐文化旅游基地，也是考察研究杜甫入蜀路径及诗歌创作不可忽略的重要基地。

杜甫在离开秦州后，路过礼县盐官镇，创作了《盐井》一诗，为研究唐代食盐市场交易及陇右盐民的生存状况提供了极其宝贵的参考依据。《盐井》一诗在盐文化部分已有论及，此处不再赘述。离开同谷后，杜甫经徽县栗亭（现徽县栗川），翻越木皮岭，又经庙山瓦房村，渡过徽县大河境内的白沙渡，翻越青泥岭，夜渡嘉陵江虞关渡，进入八渡沟，沿汉中市略阳县金池院路离开陇南，前往四川成都。杜甫在徽县留下了寓居、行经的诸多历史故事，写下了《木皮岭》《白沙渡》《水会渡》等三首纪行诗。徽县栗川镇元观峡中还有一处明代题记——"宛在中央 少陵钓台"，为徽县历史文化留下了浓墨重彩的一笔。

草堂碑廊

（二）成县大云寺（也称睡佛寺）

大云寺在县城东南方向约 5 千米处，从李武村、庙湾村沿公路向东南前行，过甘沟村上山步行约 40 分钟即可抵达。大云寺建在凤凰山腰的一石坎处，所以，大云寺也被称为"凤凰山寺"。因寺内东面主殿内有一尊大型卧佛，所以当地民众习惯将其称为"睡佛寺"。睡佛头上梳着小花发髻，头下有花枕，还有花色耳环，神情显得十分安详又恬静。一般卧佛的睡姿都是头朝北，足朝南，右侧卧，但大云寺的睡佛却是头朝东，足朝西，右侧卧。卧佛的睡姿与佛经上的不同，说明当时的造像工匠按照山形山势确定卧佛睡姿，可谓匠心独运。武则天执掌朝政之后，下令各州设置大云寺，此处的凤凰山寺也更名为大云寺。

大云寺为历朝历代游览胜地。山崖峭壁间有唐、宋、明、清诸朝官绅题记多处。难能可贵的是，大云寺内大殿东侧至今仍保存着一处唐元和九年（814年）六月十五日成州刺史李叔政题记，这是成县境内唯一的唐人行书真迹，至今仍可辨识。该题壁历经1200余年风雨，字迹仍清晰可见。究其原因，此处题壁位于西秦岭余脉——凤凰山的背面（阴面），因太阳直射时间短，加之凤凰山上植被覆盖良好，寺近左侧、下侧常年有高峰水库溢出的水流滋养，水汽润泽，才使得题壁的破坏程度大大减轻。

大云寺全貌

李叔政题壁

元和八年六月十五日，敕授成州刺史、开府兼侍御史李叔政到任。其本州残破已经数载，谷麦不收，又泛水惟沫，管界百姓饥惶，□便□祷。至九年，一境春夏大丰，仓廪盈溢，以其年八月八日，设清斋以答前愿，兼圣像坏者，而报饧□□。其寺自摒抢之后，道路荒秽，藤草绵密，废来久矣，遂并功开斫，创□通行。其月七日，送供到此寺宿，经雨夜晴天，忽云雾斗暗。遂真心稽告，瞬息之间，云行雾卷，当时晴明，其应如答其期也。有一蛇出，长十八尺，锦绮文成，从……盘下，有□□此必龙像□而□□，道场之人悉皆见也。时元和……开府仪同三司、使持节成州诸（军事）、成州刺史、充本州守捉使、上（柱国）……记之。节度□□押衙……检校……

题记的大致内容是说唐代此地多经战乱及灾涝祸患，城墙破损严重，民众生活异常艰难，在对大云寺进行修整之后，此地逐渐呈现出五谷丰登、六畜兴旺、民众富裕的景象。

李叔政题壁

大云寺内还有 6 处宋代石刻。其中一座南宋时期的诗碑上刻卑牧所作《大云寺题诗》（年月不可考），原碑已残断。碑刻下段在寺内，上段幸得蔡副全先生访得，上、下两段粘合后重归完整。此碑上的诗作镌刻时间应在淳熙十四年（1187 年）之前。该诗内容如下：

郡假守卑牧勉次提刑大著游山二诗韵

星韶行乐乐融融，十里旗穿晓日红。
访古直寻丹穴外，造幽更指碧潭中。
接身幸作卑飞燕，附翼惭非六翮鸿。
荣甚载名诗榜上，归时犹喜□汲空。

（三）徽县栗川郇庄白塔

从成县县城出发，沿县道公路向东南方向（徽县县城）前行，经成县店村镇、红川镇，至红川镇韩庄村对面，左拐沿通村公路前行约 10 分钟，就抵达了徽县栗川镇郇庄村。郇庄村有一座小寺院，名为普圆寺，从唐代到宋代，多次遭遇火灾，损毁严重，院内只存有一座白塔。现在，白塔四周兴建了6~7间房舍，辑录陈列有关白塔的资料和地方政要、名人的书画作品。

郇庄白塔

郇庄白塔是目前徽县保存较为完整的一座砖塔，据考证，该塔为宋代建筑。徽县现存宋代建筑遗址及文物较多，尤其是原貌复原后存放于徽县博物馆内的宋代墓葬（系修路时发现，据考证，墓体内无棺椁及尸骸，是一座空冢）。其规制和墓内镶嵌的图案方砖（有荔枝、牡丹等图案）对研究宋代（尤其是吴玠、吴璘在徽县抗金时期）的徽县区域的政治、经济、文化都具有很高的参考价值。

1975年，砖塔被列为县级文物保护单位；1993年，被列为省级文物保护单位；2013年，被公布为全国重点文物保护单位。在2008年"5·12"汶川特大地震中，砖塔裂缝，甘肃省文物局拨付专款对其进行了修复，并修筑了围墙和院内房舍。

郇庄白塔已成为徽县唐宋文化科考研究的重要依托，也是对徽县、成县毗邻区文化旅游产业融合发展的有益补充，但地方政府对该文化资源的开发利用明显不足。从主干道至白塔寺庙的道路交通状况不佳，游客数量少，白塔周边也没有供游客餐饮休息的农家乐等设施，留不住游客，也就带不来旅游收益。

（四）徽县吴山

吴玠、吴璘是宋金时期西北抗金战线上的战将，功勋卓著，强有力地阻止了金兵南下入川灭南宋的战略企图。1134年，宋将吴玠率军在嘉陵江畔的仙人关将企图南下的金兵彻底击败，使得金军不敢轻言南下。仙人关大体在宝鸡西南、徽县东南，是关中地区进入汉中的战略要地，更是由陕入川、入甘的重要关隘。抗金名将吴玠埋葬于县城的钟楼山，为纪念吴氏兄弟，当地民众也称之为"吴山"。

吴山现处于徽县县城中央，周边全部是建筑，唯独此山古树缠绕，翠柏显绿，生机盎然。上山后首先映入眼帘的是为纪念成徽两康战役中牺牲红军的纪念碑，纪念碑四周有时任领导的题词，很是庄重。纪念碑的左后方有一座墓冢，冢前有一通高约3米、宽约1.5米、厚约0.3米的墓碑，墓碑镌刻有"宋故开府吴忠烈墓志铭"。为了保护碑刻，地方政府建造了一座造型美观的碑亭。

目前，徽县的吴山既是县城民众休闲纳凉的好去处，也是一座宋文化特色鲜明的历史名山，更是纪念革命先烈的红色文化旅游胜地。吴山虽有开发，但因缺乏特色与亮点，没有产生明显的经济拉动效应。

吴山广场

（五）成县吴挺碑

南宋抗金名将吴挺死后，葬于成县北关石碑寨。此地还有一通宋宁宗赵扩御书的世功保蜀忠德之碑。碑体高大雄伟，文字详细具体，图案优美有意蕴，是研究宋金对峙时期陇东南地区政治、经济、文化的宝贵依据。

吴挺碑

碑刻的正反两面都刻有碑文。正面上方刻有《二龙图》，写有"皇帝宸翰"四个大字。碑刻主体刻有宋宁宗书写的"世功保蜀忠德之碑"。碑文记述了吴氏三代抗金保蜀的历史功绩。吴挺墓的周边田地里还散置着石羊、石虎、华表等镇墓石兽、石器，现在地方政府对其进行了收拾规整，重新树立置放于吴挺墓碑四周。

吴挺碑附近保存完好的八楞莲包头华表

以吴玠、吴璘、吴挺为代表的南宋吴家军活跃于北方抗金前线，与南方的岳家军遥相呼应。吴氏父子在陇南、天水、宝鸡一带为抗金保蜀做出了不朽功绩。宋文化本应成为徽县、成县的招牌文化，借此可以做足文化旅游产业的文章，一定程度上也能带动部分群众增加经济收入，但徽县、成县对吴挺碑等宋文化的开发缺乏足够的重视，更没能拉动经济效益。

世功保蜀忠德之碑

碑阳：

皇帝宸翰（篆书）

世功保蜀忠德之碑（大字楷书）

修正殿书

御书之宝（篆书印文）

上惟……宗皇帝以……之以圣之次接……之……卒躬曰大石……之……皇……下光……扈……吴严……轩□何戴……命……雷动风驰……鸿恩汪秽……嘉臣父世功忠德之懿范，臣□□□□碑之荣……昭赐云碑……亲洒宸书，臣鞠躬……恩□窥□□□□□□可称载诸□□□□□将□吴之季札，战国贤人也，身后之名孔圣揭之，且大书曰"延陵季子之墓"。乃使万万世□□□□□□□以至小臣，可谓遭逢圣明之朝者矣。再世碑额，大君发挥，即孔圣之所书，视两朝之心画，相去有间。臣之家门，有此荣宠，庶几季札□天幸欤？臣仰维陛下，无非勉臣以为子之大方，责臣以尽忠尽孝之后效。先臣报国一念，属纩犹言。臣虽凡庸，当懋先志，是□擎跪顿首，勒诸竖珉，式彰上恩，永光宰□，宝此棠芾，诏于云仍，亿□斯□，戴皇宋于无极也。

嘉泰三年十月十七日，太尉、昭信军节度使、兴州驻扎、御前诸军都统制兼知兴州军州事兼管内劝农事营田使、充利州西路安抚使、马步军都总管、顺政郡开国侯、食邑一千八百户、食实封六百户，臣吴曦拜手稽首谨书。

碑阴：略。

（六）成县裴公湖

该湖又名"裴公莲沼"，成县当地民众称之为"莲湖公园""莲花池"。该湖位于成县县城西隅紫金山下，始建于唐天授年间（690—692年），由成州刺史裴守贞负责建设。自宋之后，历朝历代，当地多次对其进行过翻修整理，增加池塘面积，兴建亭台廊阁，形成了小巧玲珑、错落有致、荷叶连连、鱼儿穿梭、湖光山色相映成辉的小城盛景，极负盛名。

甘肃省陇南地区适宜荷花生长的地方较少，仅有成县的裴公湖和武都区的莲湖公园，于是裴公湖也成为成县八景之一。1978年，裴公湖被列为县级文物保护单位。

裴公湖现占地约30亩，形状如哑铃，两头大，中间细窄，有廊道相连，湖中心有"莲亭"（八角亭）。东西两面的湖区长满了荷花，东湖尤盛。盛夏时节，荷花争相开艳，翠绿如玉，红白相间，荷池四周的垂柳、玉兰、桃树更是生机盎然。莲湖公园现已成为成县颇具代表性的文化旅游休闲娱乐中心，也是"陇上小江南"最好的例证。关于裴公湖，清代州守葛时政曾著有《七绝》一诗：

盛日寻芳兴味长，圆桥屹立碧方塘。

新荷才馥微风送，不减西湖十里香。

可以看出，唐宋文化遗存较丰富的区域在徽县和成县，包括杜甫草堂、大云寺、郇庄白塔、吴山、吴挺碑、裴公湖等文化遗存。目前，只有杜甫草堂进行了开发，正常经营，每年也收获了较丰厚的经济效益。除此之外，其他的几处文化遗址基本上处于未开发状态，但市场发展潜力巨大。

裴公湖

（七）成县杜甫草堂、大云寺文化旅游产业的经济效能

杜甫草堂文化旅游产业的经济收益：2019年，杜甫草堂接待游客人数2.3418万人次，收入达11.852万元；2020年，杜甫草堂接待游客人数1.2601万人次，收入达9.624万元；2021年，杜甫草堂接待游客人数1.9653万人次，收入18.494万元；2022年，杜甫草堂接待游客人数0.8664万人次，收入达7.451万元；2023年，杜甫草堂接待游客人数3.323万人次，收入达30.22万元。由于杜甫草堂偏居一隅，周边居民少，生态良好，非常适合周边地区民众自驾游。成县政府为了进一步促进地方文化旅游产业快速发展，投资兴建了从县城主干道至杜甫草堂的公路，改善了交通条件。沿途开办有4~6家农家乐，以休闲、餐饮、民俗为主，还有零散的农户开办的小卖部。这些都有力促进了当地文化旅游产业的发展，促进了当地经济增长。

大云寺文化旅游产业的经济收益：依托大云寺景区和高峰水库资源，景区临近的甘沟村、庙湾村和李武村开办了10余家特色农家乐，成为城区及周边地区群众休闲纳凉餐饮交流的好去处，吸纳了100多名农村富余劳动力就业，月工资1200~2200元，有效地增加了该片区群众的收入，推动了当地文旅产业发展。

第二章 陇蜀古道文化与旅游产业发展

一、西狭栈道文化与旅游产业

(一)概况

"西狭颂"不仅是成县的一张靓丽的文化名片,也是陇南很有代表性的 4A 级文化旅游景区,既是古代道路(西陕栈道)的典范,又是汉隶书法的典范。西狭在甘肃省成县县城向西约 15 千米处的鱼窍峡中。从成县沿 G567 线向西(武都方向)行至抛沙镇广化村右转沿村道向东继续前行,经丰泉村直行,就进入西峡峡谷中(沿峡谷西行,可到达成县西部重镇——小川镇)。西狭因"西狭颂"摩崖石刻而闻名天下,现在被评为国家 4A 级景区,是陇南十大名牌风景区之一,距今已有 1800 多年。西狭颂具有极高的文学、历史、考古价值,尤其在书法(汉代隶书)艺术史上具有非同寻常的价值和意义。

西狭颂形成于东汉建宁四年(171 年),摩崖长约 3 米,宽约 2.1 米,石刻标题为《汉武都太守汉阳李翕西狭颂》。摩崖顶部刻有"惠安西表"4 个字,"西狭颂"也因此被称为"惠安西表"。西狭颂主要记述了武都太守李翕的生平,还有其带领民众修筑西狭栈道、方便民众出行的政绩。正文由东汉时期书法家仇靖撰写。

《西狭颂》正文阴刻竖写汉隶大字共 20 行，共 385 字。全篇文字俱清晰可辨。清代著名学者杨守敬在《评碑记》中称此碑"方整雄伟，首尾无一缺失，尤可宝重"。清梁启超在《碑帖跋》中评之"雄迈而静穆，汉隶正则也"。此可谓汉隶之珍品。因这里地处僻远，游人罕至，在历经魏、晋、南北朝、隋、唐几百年的时间里都未能为人们所知晓。一直到北宋末年，这方刻石才被发现。北宋文学家曾巩《南丰集》中的《元丰题跋》是迄今为止所能见到的对于此碑最早的文字评述。此碑在北宋末年被重新发现以后，随着拓本的流传，名声日隆。

惠安西表（篆额）

汉武都太守汉阳阿阳李君，讳翕，字伯都。天姿明敏，敦诗悦礼，膺禄美厚，继世郎吏，幼而宿卫；弱冠典城，有阿郑之化。是以三剖符守，致黄龙、嘉禾、木连、甘露之瑞。动顺经古，先之以博爱，陈之以德义，示之以好恶。不肃而成，不严而治。朝中惟静，威仪抑抑。督邮部职，不出府门，政约令行。强不暴寡，知不诈愚。属县趋教，无对会之事；徼外来庭，面缚二千余人。年谷屡登，仓庾惟亿。百姓有蓄，粟麦五钱。郡西狭中道，危难阻峻，缘崖俾阁，两山壁立，隆崇造云，下有不测之溪。厄芒促迫，财容车骑。进不能济，息不得驻，数有颠覆霣隧之害，过者创楚，惴惴其栗。君践其险，若涉渊水。叹曰："《诗》所谓'如集于木，如临于谷'，斯其殆哉，困其事，则为设备，今不图之，为患无已。"敕衡官有秩李瑾，掾仇审，因常繇道徒，镌烧破析，刻白䃺嵬。减高就埤，平夷正曲。柙致土石，坚固广大。可以夜涉，四方无雍。行人欢愉，民歌德惠，穆如清风。乃刊斯石，曰：

赫赫明后，柔嘉惟则。克长克君，牧守三国。三国清平，咏歌懿德。瑞降丰稔，民以货稙。威恩并隆，远人宾服。镌山浚渎，路以安直。继禹之迹，亦世赖福。

建宁四年六月十三日壬寅造。

时府丞右扶风陈仓吕国、字文宝。门下掾下辨李雯，字子行。故从事议曹掾下辨李旻，字仲齐。故从事主簿下辨李遂，字子华。故从事主簿上禄石祥，字元祺。五官掾上禄张亢，字惠叔。故从事功曹下辨姜纳，字元嗣。故从事尉曹史武都王尼，字孔光。衡官有秩下辨李瑾，字玮甫。从史位下辨仇靖，字汉德，书文。下辨道长，广汉汁邡任诗，字幼起。下辨丞安定朝那皇甫彦，字子才。

黄龙、白鹿、嘉禾、木连理、甘露降、承露人。

君昔在黾池，修崤崄之道，德治精通，致黄龙、白鹿之瑞，故图画其像。

五官掾上禄上官正，字君选。□□□□上禄杨嗣，字文明。□□□掾下辨李京，字长都。记。

"西狭颂"是汉三颂（西狭颂、郙阁颂、石门颂）当中保存最为完好的一个。陕西汉中褒河河谷口的"石门颂"位于古蜀道——"褒斜栈道"上，后因修建石门水库，地方政府将"石门颂"切割后搬迁至现在的汉中市博物馆中陈列。位于陕西略阳县的"郙阁颂"也搬迁过，被重新放置于现在的灵岩寺山崖的石龛中。"石门颂""郙阁颂"都易地迁建安放，失去了原来的地理位置，而且碑文也出现了区域性不同程度的损坏。历经千余年，成县的"西狭颂"却保存得如此完好，究其原因，主要是"西狭颂"镌刻于深山峡谷中、悬崖上，正下方有深不可测的黄龙潭，人迹罕至，人为破坏因素基本杜绝。另外，摩崖处在山峰的阴面，避免了长年累月的太阳直射，加之下有黄龙潭的水汽滋润，使得碑文字迹清晰，完好无损。

"西狭颂"

除"西狭颂"外，西狭中还有刻于东汉熹平三年（174年）的摩崖——"耿勋表"。"耿勋表"的全称是"汉武都太守耿君表"，也称"耿勋碑"。此摩崖刻石现存于西狭东入口约200米的东北侧崖壁上，高度260厘米，宽度145厘米。碑文系隶书共22行，每行22字，共约450字。据史料记载，武都太守耿勋是李翕的继任者，于公元173年到任。摩崖表面起伏不平，常年受风吹雨淋，又因位于山崖西面，日照时间过长，其碑文已模糊不清，辨识难度较大。娄机在《汉隶字源》中称"字与'郙阁颂'相类"；杨守敬在《评碑评帖记》评价"与'西狭颂''郙阁颂'相似，稍带奇气"；高天佑先生也曾对《耿勋表》与《西狭颂》文本进行了对比，认为从行文的构思、顺序到词语的复现使用，两者的确存在非同一般的相似性，文风高度相似绝非偶然，《耿勋表》的撰写者应是仇靖。

（二）西狭栈道文化与旅游产业融合发展的现状

1. 基础设施建设比较到位

西狭颂景区东入口处的汉文化仿古建筑群恢宏大气，与山清水秀的周边环境浑然一体，尤其"汉三颂"文化展厅将西狭颂、郙阁颂、石门颂的拓片进行集中展示，以便游客全面了解"汉三颂"的不同风格与文史价值。西狭景区中道路通畅，桥梁也是各具特色，尤其位于西狭颂摩崖西侧的怀英桥，更是对勇救落水记者而献出宝贵生命的英雄杨世俊的追思与纪念。西狭颂摩崖以西主要打造有"西狭十渡"，将青山、湖泊、寺庙、铁索桥等融为一体，宛如一处世外桃源。西狭颂景区西出口处也是一座汉唐风格的建筑，走出西出口，便是以盛产大樱桃而远近闻名的西狭村。从G567线至景区东入口的连接公路已完成升级改造，路况良好，交通十分便捷。这是地方政府高度重视的结果，西狭颂景区现已成为成县乃至陇南、甘肃的一张靓丽的文化旅游名片。

2. 研究与宣传及时跟进

陇南市和成县党委政府高度重视对西狭颂文化的挖掘、整理和研究。甘肃省西狭颂文化研究会于2006年6月成立，其宗旨就是研究、推介西狭颂文化和地方优秀历史文化，服务地方社会文化建设。另外，陇南市唯一一所高等院校——陇南师范高等专科学校（2024年5月，经教育部批准，该校已升格为陇南师范学院）就坐落在成县，历史、书法、文学、美术等各类学科人才济济，与陇南地方文化学者共同发力，对"西狭颂"在文学、历史、书法、美术等方面的卓越成就进行了深入而广泛的挖掘、研究与宣传，进一步提升了西狭颂的知名度和美誉度。

（三）西狭栈道文化与旅游产业融合发展的不足之处

1. 配套设施建设明显滞后

"西狭颂"是陇南十大代表性文化旅游景区之一，"十一"黄金周期间，陕、川、渝、宁等邻近省市的游客蜂拥而至，欲一睹汉隶典范之风采，但大量自驾游客面临着无处停车的窘境。"西狭颂"景区东口与西口空间有限，出入口与公路主干道的连接线等级低，通行能力差，舒适度低，存在诸多不便，严重影响了成县文化旅游产业的高质量发展。

2. 景区步道沿途的环境卫生急需提升改善

西狭颂景区步行道沿线的卫生间硬件条件、环境卫生状况和照明效果较差，没有卫生抽纸，无线网络信号时断时续，游客文旅体验很一般，一定程度上影响了西狭颂景区文化旅游的口碑与品质。在这方面，地方党委、政府和景区经营管理机构要向邻近的九寨沟景区学习，牢固树立服务意识和创新意识，才能吸引五湖四海的游客来成县观光旅游。

（四）对西狭栈道文化与旅游产业融合发展的建议

西狭东入口附近可建设一处现代化大型智能停车场，支持发展建设一批有特色、有品质的民宿或农家乐，解决停车难和住宿难的问题。成县拟招商引资的西狭文化养生小镇要积极跟进，确保项目落实落地。

国道567线连接西狭颂景区西出口的道路状况明显较差，坡度陡，转弯急，且路面狭窄，应加快建设快速、便捷、舒适的高等级旅游公路，方便游客进出西狭颂景区。

可在适合位置增加服务体验类项目（如索道、玻璃栈道等），方便游客观赏、品味不同季节的西狭，满足现今拍照、直播等新的旅游需求。

（五）西狭栈道文化旅游产业的经济效能

2019年，成县文化旅游景区接待游客共282.9万人次，总收入15.81亿元。其中，西狭颂景区接待游客23.5641万人次，收入达152.11万元。2020年，成县文化旅游景区接待游客192.6487万人次，总收入9.5649亿元。其中，西狭颂景区接待游客3.9223万人次，收入76.582万元。2021年，西狭颂景区接待游客人数6.8804万人次，收入182.17万元。2022年，西狭颂景区接待游客人数2.0603万人次，收入47.0854万元。2023年，西狭颂景区接待游客人数8.953万人次，收入达175.962万元。成县文化旅游产业的发展势头良好，对促进区域经济快速发展起到了举足轻重的作用，但与毗邻的陕西省宝鸡市、汉中市，四川省广元市等的差距还十分明显，文化与旅游产业的深度融合还不够，条件保障和服务意识还需要进一步加强。只有留得住游客，才能收入真金白银，从而造福一方百姓。

二、祁山古道文化与旅游产业

（一）概况

"蜀道"概念并非单指四川省的古代道路交通系统，而是指从以西安为核心区域的关中平原越秦岭、经汉中盆地，再翻越大巴山至成都平原的古代道路交通系统，主要包括陈仓道、傥骆道、褒斜道、金牛道、荔枝道等。除了秦巴蜀道之外，还有自甘肃进入四川的古代道路交通系统。目前，学术界将自甘肃进入四川的古道路称为"陇蜀道"（如青泥道、祁山道、沓中阴平道、嘉陵道、洮岷迭潘道等）。

四川省广元市境内明月峡古栈道（金牛道）

秦岭—淮河是我国南北地理分界线。秦岭西段（习惯上称其为"西秦岭"）

主要在甘肃境内。从关中通往四川的秦蜀道须穿越秦岭东段，道路也最为艰险（褒斜道、傥骆道、子午道）；从天水、甘南经陇南地区，穿越西秦岭通向四川的陇蜀古道地势则较为缓和、平坦。陇南境内的"陇蜀道"有很多条线路，每条线路都彼此相连，如阴平道、沮道、青泥道、嘉陵道、祁山道等。陇蜀道沿线有很多古栈道（西狭栈道、石门栈道等）、关隘（白马关、黑马关、望子关等）、遗址，还有老宅院（如康县朱家沟村晚清时期的朱家大院）、驿站、摩崖碑刻、古村落（如文县甘川公路旁的哈南村属于中国首批传统村落，很有代表性）。这些历史遗存凝结了丰富而厚重的历史文化信息。如果对这些历史文化资源进行合理开发利用，为地方旅游业注入文化要素，势必会给地方带来丰厚的回报。

祁山古道将秦州、礼县、西和县、成县、徽县、康县连接起来，是甘肃省从黄河流域进入长江流域嘉陵江上游地区地势最为平坦、相对最便于行走的古道。从某种程度上说，祁山古道也是甘肃省内联通黄河流域和长江流域最便捷的通道。天水师范学院苏海洋教授认为，祁山古道由北段、中段、南段组成，其北段是秦岭北侧的秦州（今天水）向南连接长江流域的嘉陵江上游地区的相对平坦的道路，由铁堂峡支道、木门支道和阳溪支道组成。此三条支道于西和县长道镇交会后，沿西汉水支流漾水河向南至西和县城后又分为两条线路：一条线路跨越西汉水后抵达武都，再续接阴平古道进入川蜀地区；另一条线路是向东南行至成县后，经青泥河支道、青泥岭支道或白水路支道翻越南秦岭到达陕西省汉中市略阳县，再顺嘉陵江南下至广元，由剑门关、绵阳至成都。

祁山古道中段即从西和县长道镇开启，经寒峡支道、黑谷支道继续向东南前行至成县。祁山古道自天水至西和县长道镇（漾水河注入西汉水的交叉路口），并未沿西汉水干流西去，而是转而向南折行，直至成县。祁山古道的黑谷支道指从礼县盐官镇白关堡向南经天水市秦州区汪川镇、苏城和成县黄渚镇、水泉至成县，因宋代绍兴年间此道上曾设立黑谷关，所以被称为黑谷支道。宋金对峙时期，金兵曾多次企图从此道南下进犯成州，故支道沿线建有白环堡、十二连城、黄渚关等重要关口。祁山古道继而与青泥道、阴平道等古道相接，直至进入川蜀地区。

（二）祁山古道文化与旅游产业融合发展的现状

祁山古道与西狭栈道完全不同。西狭栈道总长度 5 千米左右，路程短，景点集中，祁山古道则是一条自东向西南绵延约 200 千米的路线，跨越天水市的秦州区和陇南市的礼县、西和县、成县、徽县、康县、武都区等 7 个县区。祁山古道沿线的景点看似分散，实则由古道串联起来，形成了一条文化多元、风格各异的旅游线路。西和县的寒峡是从礼县祁山进入西和、南下川蜀的重要隘口。在这个地方，诗圣杜甫曾著有《寒峡》一诗，对这里的地形和严寒进行了文学描述。

寒峡
杜甫

行迈日悄悄，山谷势多端。

云门转绝岸，积阻霾天寒。

寒峡不可度，我实衣裳单。

况当仲冬交，溯沿增波澜。

野人寻烟语，行子傍水餐。

此生免荷殳，未敢辞路难。

祁山古道沿线还有法镜寺石窟、龙门镇、八峰崖石窟、浊水城等文化遗存，为祁山古道平添了浓郁的文化气息。杜甫曾著有《法镜寺》一诗：

法镜寺
杜甫

身危适他州，勉强终劳苦。

神伤山行深，愁破崖寺古。

婵娟碧藓净，萧摵寒箨聚。

回回山根水，冉冉松上雨。

泄云蒙清晨，初日翳复吐。

朱甍半光炯，户牖粲可数。

挂策忘前期，出萝已亭午。

冥冥子规叫，微径不复取。

法镜寺石窟位于西和县石堡乡石堡村五台山崖壁之上，有 24 个大小不一的窟龛、11 尊佛像。据专家考证，该石窟的开凿年代约在北魏中晚期。唐乾元年间（758—760 年），杜甫由秦州向南到同谷途中曾路过法镜寺，这说明该寺应在南北往来的主干道上，交通十分便捷。

陇南是陇蜀道集中交会的重要地区，连接着川蜀与关中，蜀道文化、三国文化、红色文化交相辉映。加强陕甘川省际协同联动，共同挖掘、研究、宣传蜀道的文化内涵，构建蜀道文化旅游体系，打造特色鲜明的文化旅游品牌，有助于地方经济社会发展，造福一方百姓。

国家对古蜀道的保护工作也给予了高度关注，2023 年 7 月 25 日，习近平总书记在四川省广元市考察了翠云廊古蜀道，了解当地推进历史文化传承、加强生态文明建设等情况。2023 年 12 月，四川省在广元市举办了 2023 中国（广元）蜀道文化年会，陕甘川渝等省市专家学者各抒己见，共同传承振兴蜀道文化。对蜀道文化的挖掘、研究与推介不仅是相关地区党委、政府的责任与义务，也是文化学者义不容辞的职责与担当。

（三）祁山古道文化与旅游产业融合发展的不足之处

因祁山古道串联多个县区，各县区对不同类型的文化与旅游产业的融合给予的重视程度也不尽相同，比如：礼县重视秦文化和三国文化，西和县重视乞巧文化，成县重视以西狭颂为代表的汉文化，徽县重视宋文化和青泥古道文化，康县则重视美丽乡村和茶马古道文化等，但缺乏对祁山古道文化整体的重视、规划，相关县区也没有投入政策和资金去挖掘、开发、展示祁山古道文化。

（四）对祁山古道文化与旅游产业融合发展的建议

祁山古道自东向西南穿越而过的天水市秦州区、陇南市礼县、西和县、成县、徽县、康县等县区，要高度重视、充分挖掘古道文化，结合各自古道遗址、关隘、重镇、寺庙、石刻等资源，打造富有历史人文气息的景观，将其串联起来，形成祁山古道文化旅游线路。这有助于增加群众经济收入，改善群众生活水平。

1992 年，旅游产业超过石油产业和汽车产业，成为世界上最大的产业，发展最快最稳定，市场需求日趋旺盛。进入 21 世纪以来，旅游产业成为发展最快的新兴产业之一，被称为"无烟产业"和"永远的朝阳产业"。"上世纪 90 年代以来，有 120 多个国家和地区将旅游业列为支柱产业，每年有约 7 亿人观光旅游,旅游产业被看作发展潜力巨大的新世纪阳光产业。"[①]文化可以为旅游产业赋能,极大增强旅游产业的内涵与品质,从而实现文化和旅游的融合式发展。改革开放以来,特别是党的十八大以来,我国文化旅游产业发展步入快车道,形成全球最大的国内旅游市场,成为国际旅游最大客源国和主要目的地。旅游产业从小到大、由弱渐强,日益成为新兴的战略性支柱产业和具有显著时代特征的民生产业、幸福产业,成功走出了一条中国特色的文化旅游发展之路。在此背景下,祁山古道沿线县区党委、政府和群众要清醒认识到文化与旅游产业融合发展带来的源源不断的客流和财富,守护好、建设好自己的家园,发展好旅游这一绿色朝阳产业,进而带动群众改变观念,更好地服务游客,增加自己的经济收入。

三、茶马古道文化与旅游产业

(一)概况

目前,学术界对"茶马古道"这一概念的界定主要集中在我国西南地区(以四川省、云南省、西藏自治区为主),是指古代马帮(团队商业化运输物资,主要依靠马匹)进行物资交流的通道。这一通道也被称为"南茶马古道"。茶马古道起源于茶马互市,主要进行茶叶、马匹、丝绸、盐等物资交易。

"察院明文"碑刻

[①] 孙东峰:《基于PPT战略的县域旅游发展研究》,天津大学学位论文,2009年。

茶马古道

康县位于甘肃省东南部，是秦岭山脉以南、巴山以北的峡谷地带，处于嘉陵江上游、西汉水之畔，地理形胜，地域独特，东接陕西汉中，西过甘南达青、藏，南通重庆、两湖，在相当长的一段时期内与丝绸之路相接互通，是中国茶马古道上重要的交通枢纽之一。

陇南市康县望关乡石猫梁有一块明代残碑，石碑上方刻有"察院明文"（楷书），蔡副全先生称其为"茶马古道条告碑"（无具体年月）。此碑现移存于康县博物馆。从依稀可辨的"巡按陕西监察（御史）……示知：一应经商人等……茶马贩通番捷路……旧规堵塞，俱许由……敢有仍前图便，由……官兵通，同继放者……不贷"等有限字迹可知，康县也存在茶马古道遗址。"察院明文"有力证实了茶马古道途经康县等区域，与成县、西和、礼县相接，继而与天水（丝绸之路重要节点城市）相连。所以，自古以来，陇南既是长江流域与黄河流域的重要连接地区，也是北茶马古道重要的途经区域。

茶马古道分为南、北两线，云南、贵州、西藏一线属于南茶马古道，途经康县一线属于北茶马古道。北茶马古道是联通长江流域和黄河流域最为便捷的一条通道。武都、汉中等周边地区也分布有茶马互市。

北宋时期，朝廷为了扩充军备，急需大量战马，在各地开设茶马榷，用陕南、四川等地所产的茶叶换取西北地区游牧民族喂养的马匹，但制度严明，只允许官方交易，严禁民间私自进行茶马贸易。物资交流与贸易依靠的还是这条途经康县的北茶马古道。清代以后乃至新中国成立初期，这条以官方茶马交易为主的商道逐步改变了功用，但仍然发挥着其不可替代的交通作用。

康县关于茶马古道的遗存有很多：①"察院明文碑"，为现仅存的与北茶马古道有关的一块石碑；②古桥 7 座：巩家山廊桥、三功桥、龙凤桥、窑坪桥、云台中山桥等；③栈道遗址 11 处：太石羊宫崖、太石山、豆坪李家湾、平洛药铺沟、望关石猫梁、云台尖山子等；④茶马驿站遗址 9 处：太石山大石头客栈、药铺沟客栈、平洛驿、望关驿、长坝歇马店、渡口驿等；⑤交易集贸市场 5 处：窑坪、巩集、铺子坝、平洛、昌河坝；⑥古民宅遗址 9 处：窑坪李太和故居、窑坪吊河坝赵家院、窑坪何家梁何家老宅、铜钱茶味沟赵氏庄园、豆坝谈家大院等；⑦城堡遗址 8 处：大南峪雪峰山堡子、将军坝堡子、白马关古城、望关寨子兵营遗址、将利古城遗址等；⑧寺庙遗址 20 处：窑坪关帝庙、迷坝对对山寺庙群、大南峪花庙、雪峰山寺庙群、四阁山莲花寺、云台山寺等；⑨古茶园遗址 2 处：太平麻地沟茶园（300 年以上，该茶园有树龄在 800 年以上的老茶树一棵）、龙王坝茶园（400 年以上）；⑩古墓遗址 6 处：迷坝四方坝古墓遗址、平洛河汉墓群、康南氐羌古墓群、西汉水流域古墓群等；⑪渡口遗址 2 处：关沟门渡口、太石打船坝渡口。

其中，省级文物保护单位有 4 处共 11 个点，即白马关古城、团庄龙凤桥（含三功桥）、豆坝谈家大院、茶马古道（含望关茶马古道遗址、太石巩家山廊桥、太石羊宫岩栈道、大堡日洞流泓桥、窑坪桥、铜钱低垭奎星楼遗址、太平龙王坝茶园）。大南峪窑坪是中国北茶马古道上的重要集市，主要承担了茶马古道上水陆交通商品中转站的角色。窑坪的各家商号曾合资兴修关帝庙、戏楼，大办乡村社火等活动，繁荣了当地的民间文艺。

昌河坝集市地处犀牛江畔，是成县、西和、武都、康县四县相接之地，历来商品交流极为繁盛。脚骡店、饮食店、酒楼等服务施设齐全，主要交易商品有土纸、犁铧、生漆、药材、土布等。

茶马古道本身就是一条线性艺术带，是秦巴山区古老文明的一朵奇葩。这一区域是多元文化的走廊，也是民俗文化的宝地，沉积着许多活态历史遗留。"文化产业的兴起在一定程度上促进了旅游经济的发展，增强了旅游产业的竞争力。"[①]以康县为代表的茶马古道具有极大的研究和开发价值，而沿线的各类文化传承凝聚了汉、藏、回等民族的各种信仰和生产生活习俗，对于研究民族融

---

① Yuko Aoyama. The role of consumption and globalization in a cultural industry: The case of flamenco.Geoforum, 2007(38).

合、发展生态和历史文化旅游产业，对拉动沿线经济、促进当地社会发展发挥着不可替代的作用。

游龙关茶马古道文化走廊

（二）茶马古道文化与旅游产业融合发展的现状

2009 年，察院明文碑的发现，首次证实了茶马古道在西北地区的存在。2011 年，望关茶马古道遗址被公布为甘肃省第七批省级文物保护单位。2013 年，康县北茶马古道被纳入国家大遗址保护项目。2015 年，康县获评"中国茶马古道文化之乡"殊荣。康县茶马古道博物馆从康地长烟、察院明文、通番捷路、茶马互市、古道遗风、重现光华六个部分进行布展，主题鲜明，特色显著，具有较强的文化吸引力。

近年来，康县政府规划建设"茶马古道文化经济带"，即以省道 205、307 线以及康阳路、寺长路、小康路主干公路为发展轴，以北茶马古道文化为主，建设特色文化名县，发挥县域内茶马古道文化辐射带动效能，促进乡镇及村社的文化产业发展，形成一体化的带状文化经济发展区域。同时，康县政府还启动了白马关茶马古道文化产业园区建设项目，项目目前在分步实施。此外，地方还准备对北茶马古道非物质文化遗产长篇叙事民歌《木笼歌》进行改编，将其打造成一部大型歌舞剧，更形象、更直观地展示康县的文化魅力。北茶马古道理应成为康县一张靓丽的文化名片。

康县在生态文化旅游风情线建设中注入的茶马文化内涵，主要有游龙关雕塑群、黑马关雕塑、西北出口大型浮雕等。"旅游产业是一个文化性很强的经济产业，也是一个经济性很强的文化产业，文化是旅游的灵魂。"[①]康县非常注重文化元素与旅游产业的深度融合，这为美丽乡村旅游产业及茶马古道旅游产业注入了生命力，使游客在旅游活动中感受到独特的文化气息，增强旅游获得感，从而实现当地文化旅游产业融合发展，促进区域经济发展。

（三）对茶马古道文化与旅游产业融合发展的建议

康县"北茶马古道"是很有特色和纵深感的历史文化遗存，需要高度重视并加以开发。茶马古道像丝绸之路一样，发挥着物资交流、经济融通、民族互融的重要作用，可对其进行文化产品包装，提升产品影响力，打造产品品牌效应。

茶马古道沿线村庄可种植茶树和桑树，支持农户和致富带头人发展茶产业、养蚕产业和丝绸加工业，进一步丰富茶马古道文化的内涵。茶马古道本身就是甘肃省厚重多元历史文化的重要组成部分。康县阳坝等乡镇是陇南的茶叶主产区，而且康县、徽县、成县等地居民也有养蚕的传统习俗。从这个角度来看，茶马古道更是促进陇南茶叶、丝绸贸易的重要通道。

（四）茶马古道文化旅游产业的经济效能

茶马古道本身极具神秘感，在此线路上进行的盐、马、茶等交易也很有历史文化价值。将茶马古道文化融入康县旅游产业发展，是对文化旅游融合理论的有效实践。提升康县"茶马古道"的知名度和影响力，有助于为康县的土纸、木刻、石材、蚕桑、丝绸、生漆、中药材、茶叶等特色产业发展注入新的动能，提升康县历史文化旅游及乡村旅游的文化内涵，对弘扬传承文化遗产、为沿线群众增收拓宽渠道（康县均为山区，农民群众增收渠道不畅）、扩大农村再就业、帮助返乡农民工就业创业、促进社会和谐稳定发展都具有积极作用，同时也有助于促进陇南乃至陕甘川毗邻区文化旅游产业的高质量发展。

康县作为北茶马古道主要途经区域，近十年以来，一直坚持绿色发展理念不动摇，县委、县政府带领康县人民以"咬定青山不放松"的精神，打好"绿色牌""乡村牌"，是欠发达县区扬长避短、发挥比较优势、实现弯道超车的典

[①] 张海燕、王忠云:《旅游产业与文化产业融合发展研究》,《资源开发与市场》,2010年第4期。

范。康县先后荣获"中国黑木耳之乡""中国核桃之乡""中国有机茶之乡""全国食用菌行业先进县""中国最美绿色生态旅游名县""中国最佳生态宜居旅游目的地""全国休闲农业与乡村旅游示范县""中国天然氧吧"等多项国家级、省级荣誉。目前，康县已建成国家AAAA级景区4个，全县350个村全部建成美丽乡村，现有旅游示范村70个，2镇16村被评选为中国最美村镇。2020年全县共接待游客285.72万人次，实现旅游综合收入128 012.3万元（其中乡村旅游接待游客222.97万人次，乡村旅游综合收入86 281.81万元）。康县充分利用茶马古道特色文化和良好生态环境的基础与优势，在乡村文化旅游产业高质量发展方面走出了一条陕甘川毗邻地区欠发达县区绿色崛起的新路径，值得思考与借鉴。

四、青泥古道文化与旅游产业

（一）概况

在徽县县城南面，有一座连绵起伏、高耸入云的山脉——铁山，植被覆盖率很高，动植物资源丰富，是青泥古道的主要途经山脉。这里古代摩崖石刻石碑分布较为密集，如"远通吴楚碑""玄天神路""虞关修路摩崖碑记"等。铁山也被称为青泥岭，是"陈仓故道"的主要地段，这里山势险峻，常年阴湿多雨，道路崎岖陡峭，在山间行走异常艰难。青泥岭也因诗仙李白的千古名篇《蜀道难》名闻天下。

李白在其代表作《蜀道难》中如此描述：青泥何盘盘，百步九折萦岩峦……蜀道之难，难于上青天！这些经典诗句就是对途经青泥岭的山道的真实再现。反映青泥古道的文学作品还有元稹的《青云驿》、史瑜的《青泥山》、骆宾王的《从军中行路难》等。这些诗歌名篇从山川地势、地理风貌、气候特点等不同的角度描述了青泥岭的特点。

青泥古道也可被看作祁山古道南延伸段中的一条支线。祁山古道南段主要指从徽成盆地至陕西省汉中市略阳县、陇南市武都区的几条古道支线，主要有青泥河古道、木皮岭古道、青泥岭古道、白水路古道、覆津古道。这几条古道需要翻越西秦岭南段山脉，这一山系植被茂盛，春夏季湿热多雨，秋冬季阴冷湿滑，道路通行状况不佳。青泥河古道指从成县沿青泥河南下经飞龙峡至略阳县的古道，因沿青泥河而行，故被称为青泥河古道。木皮岭古道起于成县，经徽县栗川镇、木皮岭至略阳，因杜甫路过此地时创作有《木皮岭》一诗，故得名木皮岭古道。青泥岭古道自成县始，东行经栗川镇、徽县县城，再向南翻越青泥岭，至略阳县白水江镇。此道也是连接汉中与天水的重要线路。白水路古道自徽县银杏村始，经十里、照牌、大河等村，穿过白水峡至略阳县，这是为了绕开地势高险且泥泞的青泥岭古道。至今，徽县大河店乡瓦泉村高家山组与略阳县白水江镇小河村青崖湾组交界处的公路北侧崖壁上还存有一处镌刻于北宋时期的摩崖石刻——"新修白水路记"，距地面近7米，高约2.8米，宽约1.8米，碑文楷书26行，一行37字，字径25厘米，是陕甘两省交界地带交通、邮递、书法等方面的宝贵文物，具有重要的史料价值与历史意义。

青泥古道上至今还遗留着很多关于修路历史的石碑（石刻），如大河店乡王家河村的"新修白水路记"摩崖石刻（宋代），老虞关街道口马家梁的虞关"修路摩崖碑记"（明代）、"白水石路记"，大河店乡青泥店子村的"玄天神路"摩崖石刻（明代）、"远通吴楚碑"（清代）等，还有一些民国时期的石碑。这些石刻主要记述了青泥官驿的废弃及白水路的兴盛。

青泥古道石阶

形成于宋代的"新修白水路记"摩崖石刻位于略徽公路（陕西省略阳县至甘肃省徽县）白水江镇与大河店镇交界处。《新修白水路记》碑文如下：

新修白水路记（篆额）

大宋兴州新开白水路记

宣德郎、守殿中丞知雅州军州监管内桥道劝农事、管勾驻泊及提举黎州兵甲巡检贼盗公事、骑都尉借绯雷简夫撰并书及篆额。

至和元年冬，利州路转运使、主客郎中李虞卿，以蜀道青泥岭旧路高峻，请开白水路。自凤州河池驿至兴州长举驿五十一里有半，以便公私之行。具上未报，即预画材费，以待其可。明年春，遣举州巡辖马递铺殿直乔达，领桥阁并邮兵五百余人，因山伐木，积于路处，遂籍其人用讫。是役又请知兴州军州事、虞部员外郎刘拱总护督作，一切仰给，悉令为具。命签署兴州判官厅公事、太子中舍李良祐权知长举县事，顺政县令商应，程度远近，按视险易，同督斯众。知凤州河池县事、殿中丞王令图首建路议。路占县地，且十五余里部属陕西，即移文令图，通干其事。至秋七月始可其奏，然八月行者已走新路矣，十二月诸功告毕，作阁道二千三百九间，邮亭、营屋、纲院三百八十三间，减旧路三十三里，废青泥一驿，除邮兵驿马一百五十六人骑，岁省驿廪铺粮五十石，畜草一万围，放执事役夫三十余人。路未成，会李迁东川路，今转运使、工部郎中集贤校理田谅至，审其绩状可成，故喜犹己出，事益不懈于是斯役，实肇于李而遂成于田也。嘉祐二年三月，田以状上，且曰："虞卿以至和二年仲春兴是役，仲夏移去，其经营建树之状，本与令图同。臣虽承乏，在臣何力？愿朝廷旌虞卿、令图之劳，用劝来者；又拱之总役应用，良祐应之，按视修创达之，采造监领，皆有著效，亦乞升擢；至于军士、什长而下，并望赐与，以慰远心。"

朝廷议依其请。初，景德元年，尝通此路，未几而复废者，盖青泥土豪辈唧唧巧语，以疑行路。且驿废，则客邸、酒垆为弃物矣，浮食游手安所仰邪？小人居尝争半分之利，或睚眦抵死，况坐要路，无有在我，迟行人一切之急，射一日十倍之资，顾肯默默邪？造作百端，理当然尔。向使愚者不怖其诞说，贤者不惑其风闻，则斯路初亦不废也。大抵蜀道之难，自昔以青泥岭称首。一旦避险即安，宽民省费，斯利害断然易晓，乌用听其悠悠之谈邪。而后之人见已成之易，不念

067

始成之难。苟念其难,则斯路永期不废矣。简夫之文虽摩崖镂石,亦恐不足其请。附于尚书职方之籍之图,则将久其传也。嘉祐二年二月六日记。

青泥古道不仅是关中地区前往川蜀地区的一条南北必经通道,而且在粮食、马匹、盐业、茶叶等物资交流方面也发挥着极其重要的作用,所以说,这一通道不仅是交通要道,而且是一条经济民生与文化之路。

(二)青泥古道文化与旅游产业融合发展的现状

青泥岭生态良好,珍稀动植物资源极其丰富,历史文化底蕴深厚,作为文化旅游资源的重要基地,发展基础较好。青泥村文化广场上有两座塑像:一个是诗圣杜甫,神情凝重;一个是诗仙李白,飘逸洒脱。青泥村还有一株八条枝干共生的银杏树,人称"八仙树"。坐落在青泥村的清代民居杜家大院,现在杂草丛生,但至今还留存有石槽、石碾等老物件,印证了这一线路曾是来往旅客重要的中途补给驿站,为旅客提供服务。青泥岭山脚处还建有集山、水、林、湖、亭于一体的开放式公园——泰湖公园,现已成为徽县市民和周边群众旅游、观光、垂钓的好去处。

"新修白水路记"碑刻

(三)对青泥古道文化与旅游产业融合发展的建议

青泥古道开通时间久远,在陇蜀古道体系中颇具代表性,历史文化旅游价值很高。建议在青泥村修建青泥驿站、青泥古道文博展馆；修建古"蜀门"和吴王城遗址的石门、石城；恢复嘉陵水道漕运历史文化景观；修建唐宋漕运史展厅、历史研究陈列室及管理用房等基础设施。

  总的来说，要以文化产业与旅游产业融合发展推动经济社会全面发展。紧密相关的特色文化旅游资源需要科学规划，有效整合，要充分激活古道的文化动能。可以将陇南古道沿线的古民居、古村落、文化名镇等连接起来，形成文化旅游资源的黄金线路，带动沿线群众增收致富，提升生活水平与质量。

第三章 陇南生态文化与旅游产业发展

"生态文化（ecological culture）指能够实现可持续发展的文化，基本特征是崇尚自然、保护生态环境和资源持续利用，旨在促进人与自然和谐共处、协调发展……国际生态旅游协会将其定义为：具有保护自然环境和维护当地人民生活双重责任的旅游活动。"[①]陇南西北部与黄土高原、青藏高原相接，地理跨度很大，地形以高山、沟壑、盆地、河谷为主。作为甘肃省唯一全境属于长江流域的地区（天水、陇南两市毗邻区的嶓冢山是甘肃省黄河流域和长江流域的分水岭），陇南处于北温带向亚热带过渡地区，生态环境良好。由于气候温和湿润，土层厚，山地多，陇南地区的森林覆盖率在全省都比较高，约占全市总面积的45.27%，所以有"陇上江南"的美称。陇南境内有大熊猫、金丝猴、水杉、红豆杉等多种珍稀动植物，有国家级（省级）自然保护区10个、国家森林公园4个、国家湿地公园2个，被著名地质学家李四光称为"复杂的宝贝地带"。

2005年8月15日，时任浙江省委书记的习近平同志在湖州安吉余村考察时首次提出"绿水青山就是金山银山"的科学论断，为余村指明了绿色发展之路。党的十八大报告指出："建设生态文明，是关系人民福祉、关乎民族未来的长远

---

① 刘红艳：《生态文化与生态旅游融合发展分析》，《西部旅游》，2021年第2期。

大计……必须树立尊重自然、顺应自然、保护自然的生态文明理念……努力建设美丽中国，实现中华民族永续发展……给子孙后代留下天蓝、地绿、水净的美好家园。"①党的十八大明确将生态文明建设纳入"五位一体"（经济建设、政治建设、文化建设、社会建设、生态文明建设）总体布局。党的二十大报告强调："全面推进乡村振兴……统筹乡村基础设施和公共服务布局，建设宜居宜业和美乡村。"②从"两山理论"的提出与实践到习近平生态文明思想的形成与传承，集中体现了以习近平同志为核心的党中央始终坚持"人民至上"的立场与情怀。新时代践行"绿水青山就是金山银山"理念，就是要坚持人与自然和谐共生，构建生产和生态的良性循环，真正让人民群众在绿水青山中共享自然之美、生命之美、生活之美，走出一条生产发展、生活富裕、生态良好的绿色发展道路。从这个角度看，党和国家对生态环境治理和保护工作十分重视，是放在国家振兴、民族复兴的大局中认识定位的。

生态兴则文明兴，生态衰则文明衰。习近平总书记指出："环境就是民生，青山就是美丽，蓝天也是幸福……像保护眼睛一样保护生态环境，像对待生命一样对待生态环境。"③生态问题就是生存问题，就是发展质量问题，关乎国人的生存质量，关乎国家事业的科学发展。对陇南来说，发展劣势是明显的，而发展比较优势也是明显的。陇南交通短板正在逐渐改善，"绿色"是陇南最显著的"底色"，所以，"生态牌"是陇南最靓的牌。陇南拥有丰富的水资源（白龙江、白水江、嘉陵江、西汉水等），有文县的洋汤天池、礼县的秦皇湖、西和县的晚霞湖等以"水"为主题的旅游资源。介于秦岭西段南北地理分界线的陇南，生态优美，动植物资源分布极其广泛，生物多样性很具代表性。

生态观光是一种将优质环境资源变为旅游产业发展基础的环保型经济业态。旅游资源包括自然风光旅游资源、传统人文旅游资源、社会经济文化资源。旅游资源经过开发，形成旅游产品和服务，再通过销售和疏通渠道进入市场。生态也是一种文化，将生态文化与旅游产业融合发展，是新世纪旅游经济发展的一个重心。"文化既是旅游的最初动机，又是旅游的最终目的，文化是旅游的本

---

① 《胡锦涛在中国共产党第十八次全国代表大会上的报告》，新华社，2012年11月17日。
② 习近平：《高举中国特色社会主义伟大旗帜　为全面建设社会主义现代化国家而团结奋斗——在中国共产党第二十次全国代表大会上的报告》，新华社，2022年10月25日。
③ 中共中央宣传部：《习近平总书记系列重要讲话读本》，学习出版社、人民出版社2014年版。

质属性，旅游因为文化的渗透而变得丰富多彩，富有品位。"①所以，生态文化与旅游产业的协同发展理应成为新时代经济社会发展的有效模式之一。

在甘肃省十四个地级市（州）中，陇南市是陇原大地上唯一全境属于长江流域的地区，山、水、林、田、湖、草、沙等资源构成一个系统的生态共同体，人的生存希望在"田"，"田"的生命源泉在"水"，"水"的根源在"山""林""草"。绿色是陇南最基本的底色，也是最大的优势所在，陇南是甘肃省"绿水青山就是金山银山"理论实践创新基地。"早知有陇南、何必下江南"就是陇南良好生态环境和富集旅游资源的形象写照。天更蓝、山更绿、水更清是美好家园的生动描述，我们要充分发挥生态比较优势，促进生态优势与其他产业融合发展，造福一方。

一、文县洋汤天池

（一）概况

文县洋汤天池位于陇南市文县县城北部约 100 千米处的高山区，这里海拔 2400 米，面积约 20 平方千米，水深约 500 米，现为国家 4A 级旅游景区，山清水秀，湖光旖旎，不愧为秦巴山地的一颗"高山明珠"。天池大景区是甘肃省十大著名旅游景区之一，近年来，地方政府为了作好天池旅游资源的文章，吸引资金进行开发，大力推进以天池为核心景点的大景区建设。目前，陇南市政府、文县政府与省属大型国有企业——甘肃省公路航空旅游投资集团紧密合作，共同投资建设天池大景区，将景区打造成中国特色鲜明的生态旅游胜地，进而增加地方财政税收，造福一方百姓，美化一方山水。我们有理由相信，文县洋汤天池在不久的将来一定会焕发出新的生机。

天池还有一个美丽而神奇的传说，与生活在甘肃省文县、四川省九寨沟县的白马人（藏族的一个分支，也称白马藏族）有关。从文县县城向九寨沟县前行，进入四川九寨沟县境内的第一个村寨就是郭元乡的沟里村（居民主要是白马人）。据该村的长者讲述，沟里村后原来有一个水域面积很大的海子（湖泊），后来村寨里有人做了一个神奇的梦，梦见洋汤爷（沟里村专门有供奉洋汤爷的

---

① 张海燕、王忠云：《旅游产业与文化产业融合发展研究》，《资源开发与市场》，2020 年第 4 期。

庙，称为"洋汤爷庙"，村民每年都会祭拜）把村后的海子带走了。第二天，人们醒来后上山查看，海子果然不见了，偌大的洼地底部只剩了极少量的水。他们认为，天池的水是被洋汤爷从九寨沟县沟里村带到文县天池现在的地方的。

天池美景

因为是洋汤爷的缘故，所以，文县的天池现名"洋汤天池"，很具有**神秘色彩**。

天池及周边地区山水相连，如梦如幻，是一个天然的植物园、动物园。在这里，人们可以看到南方、北方的珍贵树种、花草、珍禽异兽，这里俨然是**陕甘川三省毗邻区的大九寨旅游圈中的一处"世外桃源"，充满神韵，颇具魅力**，值得细细观赏体味。

（二）洋汤天池景区的现状

天池的美是毋庸置疑的，但因为地理位置较偏、名气不响的原因，**容易被世人遗忘**。虽然天池资源丰富、观赏价值很高，但挖掘、利用、宣传不充分，导致这里的生态文化旅游资源尚未得到有效开发与利用，藏在深闺人未识。文县丰富的旅游资源并未转化为促进经济增长的支撑点，这也与当地落后的**交通条件**有关。相信随着武九高速的建成通车，文县天池旅游景区会迎来生态文化旅游的发展期。

2020年6月20日,陇南市文化和旅游局在文县天池景区组织召开了陇南市文化旅游人才命名表彰会议暨天池创建5A级景区宣传片、主题音乐发布会。系列活动的开展,对文县天池景区的宣传、景区影响力的提升大有裨益。

(三)洋汤天池景区的不足之处

地域偏僻、路途遥远。文县在甘肃省最南端,与四川省、陕西省交界,地理区位较为偏僻,地形地貌以高山沟壑为主,海拔落差约3600米。国道212线是目前文县通往陇南市区进而通往甘肃省其他市县及四川省的唯一通道,交通极为不便。

知名度低,名声不响。文县天池知名度不高和这里交通不便有很大的关系,由于不通高等级公路,天池景区无法跟上交通、信息等产业的发展进程。

景区管理与培训明显不足。天池景区在内部管理与培训方面存在较多问题,这一方面与投资者的个性、思维方式及过去的经验等有关,另一方面也与景区从业人员特别是管理人员缺乏必要的管理技能与水平有关。

天池俯瞰图

(四)对洋汤天池景区的建议

对文县自然风光旅游业进行科学定位。天池大景区要着眼于构建"吃、住、行、游、购、娱"一体化的协调发展格局,从细节彰显旅游产品品质,树立自然山水资源、民族民俗文化与生态环境融合式开发利用的思路，对天池大景区建设进行准确定位，科学规划文县旅游业，争取实现可持续发展。

天池山水

规划先行，夯实优化天池景区周边道路、码头等基础设施建设，为游客提供便捷、舒适、优质的服务。地方政府是文化旅游产业发展的主导方，要牢固树立进一步深化改革的理念，采取"市场参与、多方合作、市场化运作"的模式，加强天池大景区基础设施建设。尤其紧要的是，在武九高速（武都至九寨沟）建成投用之际，要提前规划好高速公路与天池大景区的高等级公路连接线，大型智能化停车场，差异化、梯队式的住宿（酒店、宾馆、客栈等），餐饮服务机构，环天池周边的电瓶车行道、步行道，上山观光体验的步行道，沿途卫生间、垃圾桶，山巅观光俯瞰拍摄基地（紧密结合微媒体、自媒体发展趋势），以提升游客旅游体验。不久的将来，随着"武九高速"的开通，天池景区的外联交通条件将更加便捷。

注重文化引领，强化对外宣传。要充分将白马人的特色文化（如歌曲演唱、敬酒仪式、池哥昼等民族舞蹈）融入大景区建设之中，使优美的自然山水风光与神秘多姿的白马文化彼此相融，相得益彰，和合共生。还要紧密结合天池景区毗邻九寨沟的地理区位优势，确定旅游产品宣传主题，系统性全面打造文化旅游大景区，创造比较可观的市场预期。当然，加强对外宣传力度的前提是对天池大景区旅游从业人员进行规范化业务培训，增强其服务意识，提升其综合素养，不断提高其服务及管理水平。

二、礼县秦皇湖

（一）概况

秦皇湖（红河水库）是全市十大重点旅游景区之一，也是陇南最大的人工湖。近年来，礼县政府投入大量资金在湖区周围栽植各类绿化树种 5 万余株，配套建设旅游公路，新建涵洞并完善了桥涵排水设施，建设了观澜轩、码头管理房、望水亭及曲桥、游廊及方亭、公厕及休闲广场等基础设施和娱乐设施，使其成为人们理想的旅游休闲胜地。

秦皇湖

秦皇湖的位置在礼县城向东（天水市方向）约 60 千米处的红河镇，当地群众称之为"红河水库"。后来，红河镇出土了颇具代表性的春秋时期青铜器"秦公簋"（现存于中国国家博物院）。同时，礼县政府大力挖掘、宣传先秦文化，于是，"红河水库"更名为"秦皇湖"。现在开发的项目以水上娱乐、垂钓为主，湖内鱼类资源较为丰富，与历史文化名镇——盐官镇近在咫尺，与甘肃省第二大城市天水市紧紧相连。

（二）秦皇湖景区的现状

地方党委、政府高度重视秦皇湖资源的开发与利用。2023 年 8 月，礼县开工建设秦皇湖文旅综合体项目。该项目占地3.87万平方米,建筑面积1.98万平方米,总投资约303亿元,主要依托秦皇湖畔独特地形地貌,建设"红河谷"国际度假酒店、悬崖温泉酒店、民宿、亲子游乐园等配套设施,建成后将进一步提升景区服务能力和水平,为礼县秦汉文化旅游百亿产业带提供有力支撑。

秦皇湖景区的优势与劣势都比较明显。优势:距离天水市较近(位于天水市西南约60千米处),交通条件比较方便。从天水西沿"十天高速"行驶至礼县盐官镇再向北行驶约20千米,即到达秦皇湖景区。每逢周末,都有不少天水市民自驾到秦皇湖垂钓休闲。劣势:交通便捷度明显滞后,尤其是礼县盐官镇至秦皇湖的道路,通行能力较弱,舒适度较差。秦皇湖景区缺乏管理规范高效的停车场,乱停乱放现象很突出。景区周边食宿条件明显不足,没有凸显"秦"文化的意蕴,特色不鲜明,市场经济效能大打折扣。

(三)对秦皇湖景区的建议

进一步完善交通基础设施,打造快速、便捷、舒适的交通环境。没有好的交通保障条件,外地游客就不会来此旅游;没有客源,也就没有收入。地方政府要积极想办法,在"十天高速"盐官镇出口处至秦皇湖景区规划修建一条高等级旅游公路,做好旅游公路两旁的绿化与秦文化氛围的营造。

秦皇湖游船

大力改善住宿餐饮条件，积极发展以秦文化为主题的民宿产业。将当地特色美食（猪油饼、大锅肉、荞面削片、糖油糕、扯面等）引入秦皇湖周边的餐饮住宿实体，以吸引外地游客。民宿产业要注重凸显秦文化元素，房屋修建、路灯设计、房间格局等方面都要用心打造，以突出秦文化旅游的特点，增强旅游体验。在积极发展民宿产业的同时，还要配套建设基础条件良好的停车场，为自驾游游客提供满意的泊车服务。

进一步加强水上娱乐项目的引进与开发，引进体验式项目，避免娱乐项目单一化。目前，秦皇湖水上项目只有乘坐观光船和汽艇，可以适当增加垂钓区、潜水体验区等。可以借鉴南方水上项目的开发与利用，以此来吸引游客，增加收入。

（四）秦皇湖生态文化旅游产业的经济效能

秦皇湖位于礼县红河镇，秦皇湖生态文化旅游产业的发展，对该镇及附近盐官镇的经济发展有明显的促进作用。2019 年，红河镇有贫困人口 281 人，脱贫人口 78 人；2019 年年初人均可支配收入 6180 元，2019 年年底人均可支配收入增长至 6798 元。2020 年，红河镇贫困人口 202 人，脱贫人口 202 人；年初人均可支配收入 6798 元，年底人均可支配收入达 7500 元。依托秦皇湖生态景区，周边村庄开办有秦皇湖人家、红河庄园等农家乐，集地方餐饮、民宿、停车、水上娱乐等文化旅游项目于一体，提供了厨师、服务员、管理员、售票员、管理员等基础性工作岗位，解决了部分周边群众的就业问题，改善了当地群众的收入状况。

三、西和县晚霞湖

（一）概况

在陇南北部五县（礼县、西和县、成县、徽县、两当县）范围内，西和县的晚霞湖算比较大的人工湖泊（除秦皇湖外），周边污染源较少，水质较好。晚霞湖距离县城不足 10 千米，原来也属于综合性水库，现在已开发成为集灌溉防汛、文化展演、观光旅游于一体的 4A 级景区。

晚霞湖景区现建有鹅卵石步行道、牌坊、码头、停车场等设施，周边的农田里基本都种植了桃、杏、梨等经济林果和观赏性园林式花草树木。近年来，西和县高度重视对"乞巧文化"的挖掘与展示，每年的农历"七月初七"，地方政府都会举办影响力很大的"乞巧文化"展演系列活动，给晚霞湖蒙上了一层神秘美好的文化面纱。

（二）晚霞湖景区的不足之处与建议

交通条件亟须改善。从西和县城至晚霞湖景区的公路狭窄，公路两侧居民过于集中，导致在"黄金周"期间或七夕文化艺术节举行时，游客及车辆无法通行。晚霞湖周边断头路需要打通，以便缓解疏导车流压力。大力发展湖畔酒店住宿与民宿产业，改扩建大型智能化停车场，为游客提供优质住宿及泊车服务。

晚霞湖

每年的乞巧文化艺术节都在此举办，湖畔各类宣传图标及住宿建筑风格都要体现乞巧文化的主题和伏羲故里的文化特点，使自然山水与地方特色文化融为一体，有助于增强游客的体验感、获得感，令他们记得住伏羲故里、乞巧之乡——甘肃省陇南市西和县。

晚霞湖景区及周边的市场监管缺失，乱摆摊位，滥设商铺现象尤为突出。晚霞湖景区主打绿色环保、垂钓休闲和乞巧文化。每年乞巧文化旅游节期间，景区人山人海，人行道旁基本全是各类玩具、小吃摊点，卫生状况堪忧，秩序混乱，严重影响了晚霞湖景区的知名度和美誉度的提升。地方文化旅游管理部门和市场监管部门要科学规划，合理引导，加强整治，为景区的提档升级奠定基础。

（三）晚霞湖生态文化旅游产业的经济效能

2018年，晚霞湖景区共接待游客58.5万人次，乞巧文化旅游节期间接待游客5.8万人次，年收入2807万元；2019年，共接待游客61.41万人次，乞巧文化旅游节期间接待游客6.5万人次，年收入3307万元；2020年，共接待游客70.66万人次，乞巧文化旅游节期间接待游客3.6万人次，年收入3807万元。晚霞湖景区也是西和县乞巧民俗文化活动的主会场，一年一度的乞巧文化旅游节就在这里举行，节会带来的经济效益十分可观。

四、宕昌县八力草原

（一）概况

宕昌县八力草原距离县城约60千米，海拔约2700米，与岷县闾井镇接壤，现有草场约10万亩，东连车拉、兴化草原，总面积达65万亩。1935年7月，中国工农红军一、二方面军两次由理川经八力至岷县闾井。所以，这一区域也是红色文化的沃土与摇篮。陇南各县区都在大力挖掘各自的绿色资源，将本地草场、牧场、高山草甸等打造为"取之不尽、用之不竭"的绿色富矿。

八力草原

近年来，宕昌县委、县政府坚持深化改革，解放思想，立足自身优势，作好"绿色"文章，带领全县人民发展绿色旅游产业，取得了非常优异的成绩。如宕昌县大力打造的西北小九寨"官鹅沟"，在西北地区自然山水风光旅游体系中颇具影响力。在文化旅游融合发展的当下，为有效增强八力草原景区的吸引力，宕昌县政府积极招商引资，加快对该景区的开发与建设。

（二）八力草原景区的不足之处

交通不便，未正式对外开放。草原旅游产品结构单一，吸引力不足，缺乏明显的比较优势。住宿、饮食等配套设施有待完善。

没有统一的大巴接送，旅客一般都是自驾当天往返。"过夜经济"未有效开发。

开发保护不当。近几年草原旅游业的发展过程中最大的问题是对环境的污染，游客随手丢弃的塑料袋、纸屑等垃圾给草原带来不可忽视的"白色"污染。

（三）对八力草原景区的建议

地方政府要积极作为，大力改善草原道路通行条件。在道路通行条件得到改善以后，可以在县城与草原之间开行一定量的旅游大巴，方便游客去草原观光，带动当地经济发展。

延伸草原服务链，留住游客，不断提升游客满意度。如可以在草原上搭建蒙古包，既解决了游客的住宿问题，又充分发挥了草原的地域特色，让游客享受到地道的草原风情，也增加当地群众收入。

提升餐饮服务水平，增加特色文化体验。当地居民可以推出一些草原特色美食，如奶茶、酥油茶、牛羊肉等，还可以让游客骑马、射箭，参加篝火晚会、跳锅庄等体验式节目，让游客全方位感受草原气息与民族风情。

五、礼县上坪大河边草原、固城三县梁草原

（一）上坪大河边草原

上坪乡在礼县西北部，与洮坪镇（当地人称为下坪）紧紧相连，距离礼县县城约 40 千米，位于礼县、宕昌、岷县毗邻区域，海拔在 1800 米左右，是礼县高寒阴湿地区。这里地形地貌以大山沟壑为主，森林覆盖率高，是礼县最大的林区。这里的洮坪林场属于小陇山林业局管辖。在本地及周边农村地区改灶

前，周边农民群众主要以砍伐这一区域的树林为燃料来做饭，对植被的破坏很大。

这里还有礼县境内的最高峰——没遮拦梁（海拔约 3300 米）。这里的农作物以燕麦、洋芋、玉米、豌豆为主，还盛产大黄、黄芪、当归等道地中药材。本地民众立足自然禀赋，还发展有木材加工、竹编等产业。上坪乡的青林村最具代表性，该村还建有农具博物馆（主要有竹筐、竹笼、背篼、筛子等）。在当地很有名气的大河边马场也在上坪乡境内。马场的草场面积约 20 万亩，有 1 万多只（匹）大型牲畜。大河边马场曾是国营马场，也有很多工作人员在这里生活、工作。这里是陇南很受欢迎的避暑胜地。

大河边马场

上坪姊妹峰

礼县上坪乡高度重视草原生态文化旅游产业的开发与利用。在生态旅游产业日趋繁荣的今天，当地的生态优势已然成为促进当地经济增长的绿色动力源。当地众多生态旅游资源为礼县上坪经济的绿色发展奠定了重要的基础。2024年夏季，洮坪镇一处名为"炕眼门"的高山草甸火爆网络，大量游客蜂拥而至，在此拍照打卡、烧烤休闲，礼县草原生态文化旅游资源的知名度迅速得到提升，这是当地草原生态文化与旅游产业融合发展的有力佐证。

（二）礼县三县梁草原

"三县梁"，顾名思义就是位于三个县区之间的交界部分，具体是指位于礼县、武山县、甘谷县三县之间的高山草甸，有不少老百姓称之为"陇南绿宝石"。此地海拔高，在炎热的夏天是天然的避暑胜地。这里多年来流传着一个神秘的传说，引人入胜：一只金凤凰在高空盘旋了三圈降落在三县梁。凤凰鸣叫了三声，乡民们听得真切，像是"这儿有龙脉，一块风水宝地"。淳朴的乡民们向着神鸟跪拜，凤凰却舞动着尾巴离去，只撒下一支羽毛。

三县梁草场面积较大，但因为道路通行条件一般，周围的牧民大多在公路沿线的草场放牧，以牦牛、羊为主。从礼县固城镇向三县梁出发，上山的道路已被雨水严重损毁，靠近礼县一侧的道路通行条件较差。翻越梁巅进入武山县境内，水泥硬化路面直通温泉镇，道路状况较好。这条线路也是礼县通往武山温泉最为便捷的通道。

三县梁草原

（三）对礼县上坪、三县梁草原生态文化与旅游产业融合发展的建议

当地交通状况亟需改善。交通始终是限制两处避暑胜地良性发展的"瓶颈"，从礼县县城去两处景区都是盘山公路，而且路面狭窄、破损严重、沟壑纵横，严重影响小型车辆通行，这是旅游产业发展最大的制约因素。

草原衍生旅游产品几乎没有。草原旅游必然需要住宿和餐饮服务，但这两处景区均没有开发住宿餐饮产业。游客大多自带食品和帐篷之类的野外住宿或做饭工具，最多待一个晚上体验一下就离开了。留不住游客，当地群众也无法获得更多旅游收入。

应大力发展民宿餐饮产业。国家经济整体向好，老百姓收入增加趋势明显，外出旅行的住宿、餐饮、停车等各项服务必须及时跟进，否则文旅市场需求与供给的天平就会失重，从而丧失良好的发展机遇。

六、徽县三滩

（一）概况

三滩风景名胜区位于甘、陕毗邻区，嘉陵江上游地区，行政区划上属于徽县。这里是一处近几年才新发现的景区，有森林、草甸、峡谷、溶洞、瀑布，还有丰富的动植物资源。可以说，三滩是集各种旅游资源集于一体的特色地域。徽县至略阳县白水江镇的徽白公路、宝成铁路和嘉陵江穿境而过，道路通行条件良好。早在2013年7月，徽县就在深圳市举行了重大项目推介会，投资17亿元的徽县三滩旅游开发项目成功签约，三滩自然风光大景区开发迎来重大发展机遇。

三滩景区的自然风光：这一区域的森林覆盖率高达90%以上，各类植物3000多种，珍稀树种有水杉、红豆杉等。这里水资源丰富，有山泉、瀑布、溪潭，比如三眼泉、江涡潭、梅崖瀑布等。这里还有充满神秘色彩的"蛇窖"，多种蛇类生活于此，具有很高的科学研究价值。

徽县三滩自然风景区主要打造和发展的是生态文化旅游产业，借助生态文化旅游产业蓬勃发展的良好契机，带动周边群众积极参与进来，发展农家乐、特色民宿餐饮等。三滩景区的人文景观有3~4千米长的古栈道遗迹、宗教文化遗存（八卦庙、观音庙）、五徽窑、少部分壁画遗迹等。

三滩景区牌坊

(二) 三滩景区的现状

2004年10月22日，徽县三滩被批准为省级风景名胜区，这有助于构建甘陕川毗邻区文化旅游大景区。现在三滩正朝陕甘川毗邻区集自然风光和人文历史于一体的开放式博物馆方向打造。徽县还论证组建了专门的机构，承担项目论证、资金融通、协调沟通，为景区未来的开发利用提供了人力、财力等有力保障。

三滩美景

目前，三滩景区也做了总体发展规划，主要瓶颈是资金，而且需要大额资金的投入，来确保旅游公路、停车场、卫生间、用水用电、美化亮化、住宿餐饮等设施的建设。三滩大景区的建设，是造福地方及民众的好事，有利于进一步优化陇南自然旅游资源的布局，形成陕甘毗邻区较有影响的全地貌生态旅游大景区，对推动陇南文化旅游产业科学发展具有十分重要的作用。

（三）对三滩景区的建议

加快提升交通基础设施条件保障。徽县县城至嘉陵镇至三滩的道路仍需进一步加大建设力度，希望政府加大县域内高等级旅游公路建设的投资力度。保证在县县通高速的前提下，对从县城到代表性旅游景区的道路进行高等级改扩建，提供快捷安全舒适的交通条件。

着力打造"大景区"，整合资源，实现旅游线路精品化、产业链条一体化。进一步提升徽县县城泰湖公园品质，打造嘉陵镇田河村古银杏村落和三滩旅游景区，发展嘉陵江漂流、稻坪村乡村旅游，将这几个景点连成一条精品旅游线路，让游客不走重复路，一路感受不同的地貌、不同的特色、不同的体验，实现扩容增效。

规划科学，更要抓落实，见成效。要正视发展难题和瓶颈，想方设法推进水、电、路等公共基础设施建设，优化环境，加大招商引资力度，着力破除资金、人才等制约性瓶颈因素，分步骤、有层次地推进大景区开发建设工作，让三滩的山水滩瀑、林泉花草、珍禽异兽都成为旅游产业发展的活力因子。

七、"陇上小九寨"——宕昌县官鹅沟

（一）概况

官鹅沟属于青藏高原与西秦岭余脉、岷山山系交会地带，位于陇南市西面宕昌县城附近（距离宕昌县城约1千米），由鹅嫚沟、官珠沟组成。距离县城很近，与历史文化名镇——哈达铺镇同处于国道212线和兰海（兰州—海口）高速渭武（渭源—武都）段上，西南沿兰海高速转武九高速（甘肃段已通车）与世界自然遗产——九寨沟相连，可西至省会兰州，东南至陇南市区和川渝地区，交通十分便利。

官鹅沟在明代被称为"关恶",沟里居住的多是氐、羌等少数民族。"关恶"本为羌语,意思是"峡谷"。中华人民共和国成立后改为"官鹅"。随着经济社会的发展,官鹅沟也从省级森林公园(1999年)晋升为国家级森林公园(2003年);2007年还被评为国家4A级旅游景区;后被列入第七批国家地质公园,是甘肃省重点建设的20个大景区之一;2022年7月,被文化和旅游部确定为国家5A级旅游景区,也是陇南市唯一一个5A级生态旅游景区和全省第七个国家5A级旅游景区。

官鹅沟

(二)官鹅沟景区的现状

官鹅沟拥有丰富的动植物资源,官鹅沟大景区内有白唇鹿、金钱豹、毛冠鹿、蓝马鸡、林麝、红腹锦鸡等国家珍稀动物近30种,还有山溪鲵、麂子等多种省级保护动物。官鹅沟植被良好,有冷杉、油松、落叶松、桦木、白杨、牡丹、芍药、黄杨、杜鹃等乔木、灌木近800种,还有黄连、半夏、大黄等多种道地中药材。另外,羊肚菌、蘑菇、木耳等食用菌资源也相当丰富。官鹅沟的景点较多,分布也较广,有10余处湖泊、原始森林、高山草甸,还有高耸入云、终年不化的雪山。景区内的雷古山海拔4000多米,山顶常年积雪。

这里藏族风情浓烈醇厚,山水美景与民族文化深度融合,摇曳多姿,魅力无限。现在，宕昌县将生态文化旅游产业作为强县富民的支柱型产业来谋划、打造、包装与宣传。地方政府引进外部资金和先进的经营及管理理念，建起观光型玻璃栈道。

官鹅沟的美食也极具特点。当地人过年杀年猪，做腊肉。每户人家都会把猪肉腌制后挂起来，并且一挂就是一年半载，作为全年的肉类食品备用。经过腊月霜冻过的腊排，看起来黑乎乎的，有烟熏味，但真正出锅后，味道极其鲜美。

这里还有浓郁独特的民族风情，尤其在祭祀、服饰、民居等方面别具一格。

官鹅沟瀑布

官鹅沟景区最显著的特点是集峡谷、瀑布、湖泊、雪山、草甸及藏族村寨等自然风光和人文景观于一体，可观性很强。此地流传着与龙须瀑、泽荡湖等景观紧密相关的民间传说。官鹅沟出（入）口处还留有原甘肃省委书记李子奇同志、原甘肃省政协副主席韩正卿同志（宕昌籍）于 2006 年创作的一首长诗《咏官鹅沟》：

咏官鹅沟
甘肃陇南宕昌县，面积三千三百三。
国省扶贫是重点，人口二十又九万。
因地制宜抓项目，旅游事业大发展。

红绿古色三大块，开发前景大无边。
举世闻名哈达铺，红军长征加油站。
历史文化名重镇，国家级的大名片。
临近国道二一二，万水千山只等闲。
赞颂哈达有专论，这里只书官鹅篇。
官鹅缸沟大南河，沟壑四条有奇观。
沟长七十一公里，植被覆盖多大半。
森林公园国家级，山光水色别洞天。
官鹅沟里人云集，兴致勃勃尽情玩。
沟深三十一公里，景区分为三大段。
前段湖泊竞光彩，原始森林居中端。
高山草甸沟尽头，终年不化大雪山。
仰观俯察皆是景，千姿百态入眼帘。
官鹅圣地大峡谷，雷鼓险峰入云端。
山外青山云天外，瀑布雷鸣震耳环。
天瀑龙涎五瀑峡，岩崖处处挂百练。
猛忆李白庐瀑咏，妙句悠然在耳边。
飞流直下三千尺，疑是银河落九天。
世上瀑布千千万，此处瀑布最稀罕。
声韵多变无穷尽，狮吼龙吟虎啸涧。
阳光折射雾百丈，彩虹忽隐又时显。
秋去冬来水凝结，根根玉柱直通天。
玲珑透明珍珠串，琼花怒放银蛇盘。
晶莹明亮冰世界，清净空气润心田。
官鹅仙人谷万米，窄处只有十米宽。
鬼斧神工造山水，地壳运动亿万年。
两壁悬崖呈万象，峰奇石怪雄峻险。
山岭重叠云出岫，天外来石一线天。
盘龙虎跳岸门口，震旦白垩褶皱岩。
宕昌称谓来何处，丹霞石窟搭棚庵。

剖面岩层如锯解，形状各异地书显。
波纹后浪推前浪，凸凹三角似春蚕。
金鸡报晓骆驼峰，猿猴献果千子莲。
凝神注目细观展，雨刷风蚀变容颜。
岩石构造多世纪，独特地质大公园。
官鹅水长溪流汇，湖泊镜海十三潭。
月牙鹿仁明公主，朱雀玄武起波澜。
青龙白虎相照应，太极尕海鸳鸯眠。
羌锣笨笨鱼嬉戏，平湖秋月听丝弦。
清溪潺潺声细细，跌水淙淙急流湍。
湖水清澈甘甜美，冷寒鱼类戏金蟾。
鲈鲑耀金娃鱼叫，暖泉冰虾接骨胆。
野花竹林成倒影，渊明笔下桃花源。
官鹅苍松翠柏茂，仙境满目皆青山。
森林元始千余顷，乔灌横交山连湾。
扁柏刺柏香桧柏，华山落叶绵柳栎。
青枫铁姜香樟木，万千古树竞参天。
红白桦木山核桃，榛子毛栗野杜鹃。
槭漆黄杨鬼指头，乌龙五味紫罗兰。
葛藤丁香野葡萄，枇杷山杏冷云杉。
树木品类数百种，叶茂根深护水源。
密林深处藏瑰宝，珍禽异兽大家园。
林麝香獐金钱豹，鹿狍熊猞竹猕猳。
鹰鹞酸鸡红咀鸭，布谷醉酒引朱鹮。
存活兽禽四十种，精心保护多繁衍。
高山草甸花怒放，红黄紫粉橙白蓝。
瑞草青青更芳香，蜂蝶采蜜花蕊间。
草甸丛灌良药隐，冬虫夏草药状元。
灵芝贝母羊肚菌，秦芄南星西番莲。
芍药丹皮野纹党，丹参细辛红景天。

茯苓柴胡车前子，连梡黄芹金灯盏。
天麻半夏刘寄奴，冬花苍耳独角连。
大宗野药四石味，营造百亩标本园。
山珍野菜味嫩鲜，蕨类狐臭羊角尖。
白葛五爪鹿耳韭，芦笋马芹瑞鹤仙。
香苔苦曲野芶荪，菠菠猪尾香牌杆。
野菜强身又健体，劝君采摘进美餐。
官鹅风光无限美，四季年年好景观。
春景山花红烂漫，夏日绿荫遮阳伞。
秋季枫叶层林染，冬雪茫茫兆丰年。
藏羌民居传古韵，羌笛声妙戏秋千。
木楼板屋石台阶，红椒烟叶挂屋檐。
姑媳服饰独特美，绸缎布帛色鲜艳。
青紫坎肩灯笼裤，瑰丽花帽长发辫。
珠光宝气鸣玉河，羌藏古风代代传。
老者安之少者怀，小伙精壮又勇敢。
青禾美酒迎佳宾，民族和谐笑开颜。
物华天宝增福寿，天长地久万众欢。
宕昌旅游创新路，万里晴空艳阳天。

公元双千六年　岁在丙戌荷月

福禄寿喜　吉祥如意

撰书　李子奇 韩正卿

《咏官鹅沟》以通俗易懂的诗化语言，描述了宕昌县的基本县情，对官鹅沟的山形、水势、植物、动物、草药及藏羌民居服饰进行了全方位的展示，表达了作者祈愿民族和谐，宕昌县文化旅游大发展、大繁荣的美好愿景。

（三）官鹅沟景区的不足之处

景区的硬件设施整体比较落后，配套设施不够完善，商业开发不够成熟，路线设计局限性较大。景区在道路规划、对外宣传、门票与交通车辆服务等方面有待提高。官珠沟口至鹅嫚沟口距离远，道路通行能力严重不足，导致游客无法全程游览景区，只能半途原路折返。作为 5A 级景区，官鹅沟旅游经济未充分带动其他产业发展。当地政府可以参照九寨沟景区的投资运营模式及设施服务体系进行改造提升，将其打造成山清水秀、民族风情浓郁的"陇上小九寨"。

（四）对官鹅沟景区的建议

充分利用兰渝铁路和兰海高速（宕昌段）这两条客流线运送西南地区与西北地区的客流。这就需要在火车站及高速公路出口开通旅游大巴，提供无缝对接的交通服务。与此同时，可在县城或景区开发具有当地民族风格的民宿及酒店，提供良好的住宿及餐饮服务。

前来观光的还有大批自驾游游客，县城及景区要配套建设与住宿酒店（民宿）一体化的智能停车场，为自驾游游客解决停车问题。

建议设立一个"旅游特惠区"。地方政府采取特殊政策，对凡在县城及景区投资建设旅游配套设施的企业或个人给予管理、税收等方面的优惠，以此鼓励社会力量进入地方文化旅游市场，既能解除政府的资金困境，又能激发市场活力。

地方政府及文化旅游行业主管部门要进一步解放思想，把握自媒体时代的机遇，加大宣传力度，组织旅游推介会，举办与宕昌相关的藏羌文化研讨会、红色文化研讨会等各种学术交流活动，扩大学术研究、宣传，打造以藏羌文化和红色文化为主的宕昌旅游品牌。

（五）宕昌县文化旅游产业的经济效能

官鹅沟是宕昌县生态文化旅游最具代表性的景区，其社会经济效益也十分可观。2019 年，宕昌县接待游客 306.5 万人次，旅游综合收入为 17.2 亿元，其中官鹅沟大景区接待游客 81.46 万人次，旅游收入为 3662.1 万元。2020 年，宕昌县接待游客 183.9 万人次，旅游综合收入为 10.3 亿元，其中官鹅沟大景区接待游客 18.16 万人次，旅游收入 1647.4 万元。截至 2023 年 12 月底，官鹅沟景区共接待游客 70.449 万人次，旅游收入 5267.33 万元；全县接待游客 526.68 万人次，旅游收入 27.84 亿元。对于经济相对落后的宕昌县来说，旅游经济的快速崛起很好地支撑了地方发展，"官鹅沟"模式与效益也体现了"绿水青山就是金山银山"的发展理念。

八、康县阳坝梅园沟

（一）概况

康县梅园沟隶属康南重镇——阳坝镇，距离阳坝镇 2~3 千米。省道将县城、镇区与景区联通，交通比较便利，有"陇上西双版纳"的美称，也有"陇上茶园"之美誉。阳坝属亚热带地域，气候湿润、多雨、温暖，是各类植物的适生区，森林覆盖率在 90% 以上，超一半的比例是原始森林，因此，这里可谓"天然氧吧"。

阳坝最负盛名的是梅园茶园，这里的茶园和原始森林融为一体。目前已开发的沟谷纵深约 5 千米，从阳坝镇区到梅园沟景区，旅游公路平整顺畅，景区内有电瓶环保车将游客送至沟里的每一处景点。景区入口处有大型停车场和卫生间，除了电瓶车道，河畔的树木丛中还有木质步行道，每隔一段路程都有公共卫生间。这里还有当地居民开办的农家乐和便利店等餐饮供应点，基础设施比较完善。

梅园沟茶园所在地带湿润多雨，植被覆盖率高，生态环境好，大部分茶园在海拔 800 米左右的半山区，常年云雾缭绕，盛产毛尖和龙井。梅园沟生态旅游景区将茶文化和亚热带自然山水林田湖草融合起来，经济效益显著，成为陇南以生态文化旅游产业助力当地群众增收致富的样板生态景区。

梅园溪流

梅园沟天鹅湖

(二) 梅园沟景区的现状

康县阳坝梅园沟景区是陇南市第一层次开发打造的景区，景区基础设施比较健全，镇上住宿、餐饮及停车等服务比较到位。景区里也有较完备的停车场及公共卫生间。景区入口处有随时往返的旅游专用电瓶车，便于游客坐车游览梅园美景。

茶园

阳坝镇街道宽敞，道路相通，乡风文明，民众热情好客。镇区开发了古建筑一条街，开办了较多的民宿客栈，提供特色鲜明的餐饮（如豆花面、米皮、熏肉等）。为了增强地方艺术吸引力，地方还编创了梅园锣鼓舞等特色鲜明的文艺节目，充分展现康南地区的民风民俗。

2008年年底，康县阳坝梅园景区实现了旅游景区市场化运作的转型。在梅园沟口，地方还投资建成了度假会议中心，可利用这一设施举行市域或县域范围内的各种会议。康县旅游局开发建设并制作了景区旅游标牌，近几年还完善了康县旅游网，建立了旅游电子信息服务平台，为康县旅游对外宣传提供了便捷有效的途径与平台。

（三）梅园沟景区的不足之处

交通基础设施还不够完善，便捷度、舒适度不高。从平绵高速望关出口至康县县城至阳坝镇的公路是普通省道，且依山而行，通行能力较弱，夏秋雨季，极易发生滑坡、泥石流等地质灾害，会随时出现交通中断现象。

服务接待能力偏弱，旅游资源尚未转化为优质的旅游商品和明显的经济增长优势，旅游产品单一，区域性结合不强。

景区开发明显滞后，线路设计不够优化。游客行至海棠瀑布景点后再无法前行，必须原路返回，造成了时间、精力的浪费，旅游新鲜感与体验感大打折扣。

（四）对梅园沟景区的建议

尽早建成南接青木川古镇续接"十天高速"和"兰海高速"的望关至康县县城至陕西省汉中市略阳县和阳坝镇（宁强县燕子砭）的高速公路，形成旅游景区的高速环形线路，打造安全舒适快捷的交通环境，进一步完善旅游基础配套设施。2020年6月，S44康略高速公路（望关至康县县城至汉中市略阳县）已开工建设，即将建成投入运营。

打造"茶"文化旅游品牌，增加茶叶采摘、烘炒等参与型、体验型旅游项目，同时，做好木耳、蕨菜等农特产品的精深加工，借助生态旅游及电子商务平台有效拓宽农特产品的销售渠道，增强经济发展的内生动力。

着力打造阳坝镇特色文化，发展民俗演艺产业，加强住宿餐饮硬件建设力度，让游客住下来，切身体验康南地区独特的民俗（如"男嫁女娶"习俗），而不是去梅园转一圈就离开。只有留住游客，才能带动住宿、餐饮、交通、土特产品销售等业态，才能带来更多的经济收益。

重视将特色文化植入旅游发展过程。这方面可以借鉴安徽省的成功做法。"2017 年，安徽将黄梅戏《一个都不能少》、嗨子戏《竞标》等 20 余台文艺节目搬上舞台，2018 年展示了乡村文明扶贫主题的戏曲剧目 43 个……不断强化扶志扶智……通过景区带村、能人带户、企业+农户、合作社+农户创新发展模式，带动安徽地区文化旅游产业进一步发展。"①康县除了梅园沟这张靓丽的生态旅游品牌外，还有颇具特色的地域民俗文化，如山歌、民歌、木偶戏、棒棒鞭等。应充分发掘、展示这类特色民俗艺术，为康县文化旅游产业的建设与发展注入多姿多彩的文化基因与灵魂。

九、"陕甘毗邻区的一颗明珠"——两当云屏三峡

（一）概况

云屏三峡现为国家 4A 级风景区，在陕甘两省交界的两当县云屏乡。因为有"土地峡""观音峡""西沟峡"等三处深山峡谷，所以当地群众称其为"云屏三峡"。云屏峡长 100 多千米。近年来，考古工作者在云屏河沿岸的石崖上发现了数量不少的古栈道凿孔，由此证实这里也曾是一条联通关中平原、西北地区和川蜀地区的蜀道。

关于"云屏"这一地名的由来，还有一段美妙的传说：观音峡天门山上有一个石门，地势高险，常年云雾缠绕飘飞，仿佛"天门锁云"。传说天门山是通往天宫王母娘娘宝库的第一道关口，常年有两名仙女值守，开启石门的密钥则是一对南瓜。有一天，值守天门的两位仙女偷偷结伴在此地游玩赏景，因这里美景如画，仙女们在龙洞沐浴。正在此时，一只老鹰衔走了仙女的漂亮霓裳，多彩多姿的霓裳祥云般照射到此地的山岭之上，"云屏"的称谓自此而来。开启石门的南瓜钥匙也留在了这里，云屏民众历来有种植食用南瓜的习惯。

土地峡是在云屏三峡北端的第一峡，长约 3 千米，与西坡乡的琵琶崖和站儿巷的南屏山相连。山上松林茂盛，河谷地势平缓，云屏河流经此地汇入嘉陵江。过去，此地群众多灾多难，生活艰难。后来，当地民众听从一位道长的建

---

① 薛若禹、于莉、廖吉林：《乡村振兴背景下文化旅游+扶贫融合发展路径研究》，《热带农业工程》，2021 年第 2 期。

议，在峡口建了一座土地庙，从此才过上了平静的生活。"土地峡"也由此而来。

云屏三峡

云屏三峡中的第二峡便是观音峡，因峡谷中山崖上的石窟内供奉了一尊观音菩萨塑像而得名。观音峡地势险要，两岸石崖像刀削的一样，还有瀑布飞流而下，甚是壮观。峡谷里还有众多的古栈道遗迹，鬼门关、魁星楼、狗头洞等景点也为观音峡罩上了一层极神秘的面纱。

三峡中的第三段是"西沟峡（又叫西姑峡）"。关于西姑峡也有一个传说：唐代安史之乱之际，有一位西姑公主为躲避战乱而躲至此地出家修行，此峡谷因此而得名。西沟峡是三峡中最长的一峡，峡中还有明代宝峰院的遗迹和规制各异的舍利塔。斑驳的遗迹显示了此地过去道教、佛教的兴旺。

（二）云屏三峡景区的不足之处

目前，两当县对云屏三峡进行了一定的开发、包装与宣传，该景区有一定的市场影响力，但制约性因素也比较多。草甸花丛中修建有木质阁楼，解决了游客住宿问题，使其能充分体验秦岭南麓原始森林这一天然氧吧。但是住宿房间少，而且价位偏高，大多数游客来此转一圈、看一看就离开了，真正留下来过夜的游客很少。

交通劣势很明显。随着两徽高速的开通运营，两当县的交通条件有了很大的改善，但从十天高速转行至两当县城后还要走一段316国道县城段和515县道。

山区道路崎岖难行,交通事故频发,也导致很多游客知难而退,逐渐形成恶性循环。

(三)对云屏三峡景区的建议

云屏三峡景区的住宿条件仍需进一步改善,降低住宿价格,可吸引更多的游客来此观光、避暑、休闲、旅游、餐饮、泊车等综合服务质量还需提升。

应积极论证,规划修建从两当县城至云屏三峡景区的高等级旅游公路,为游客提供方便、快捷、舒适的道路交通条件,让云屏三峡的旅游资源得到充分开发,从而推动当地经济发展。

(四)两当县文化旅游产业的经济效能

根据两当县统计局第七次人口普查数据,2010 年全县人口 45 398 人,2020 年全县人口 39 709,减少 5689 人。两当县是陇南市率先实现脱贫目标的县区,扶贫效果很好,在扶贫产业中,文化旅游产业对县域经济社会发展起到了很关键的作用。两当县主打红色文化、张果老道教文化、云屏三峡生态文化等,吸引全国各地游客观光游览,接受革命传统教育,大幅增加了县域人口流动数量,带动了县域零售、餐饮、住宿等消费,既解决了当地群众就业问题,又提高了群众收入水平。2018 年,两当县农村居民可支配收入 6700 元,2019 年 7129 元、2020 年 7699 元。群众收入逐年提升。

十、武都万象洞

(一)概况

万象洞是国家 4A 级旅游景区、省级地质公园、省级风景名胜区、省级文物保护单位,具体位置在武都区汉王镇对面山腰部位,与汉王镇隔了一条白龙江,距离陇南市区约 9 千米。

据考察,万象洞形成于约 3 亿年前,是因地壳变化、地质运动而形成的一处较大规模的自然溶洞。洞内有石笋、石柱、石桥等自然景观,还有历史名人题壁及摩崖石刻等人文景观,很是壮观。据介绍,万象洞可分为龙宫、月宫、天宫三部分。万象洞的海拔高度约 1200 米,比山脚下流淌的白龙江高出近 200 米。万象洞位于大九寨旅游精品线路上，随着兰海高速、兰渝铁路的开通运营，来万象洞观光旅游的游客逐年递增，为地方带来了人流、信息流，促进了经济的增长。

万象洞（赵朴初题写）

当地人又把万象洞叫作五仙洞，据说有五位修仙之人曾在此洞修炼。现在，洞内还留存有唐、宋、元、明、清时期的碑刻百余座，诗词题刻千余首。清代武都籍诗人贾廷瑁在其代表诗作《万象仙洞》中描述道："不是人世间，包罗万象天。"该洞属于坍塌成因为主的岩溶洞穴，总体走向为南西向，已探明总长度约5千米，共有5个洞室，最宽处22.5米，最高处40米，最窄处仅容一人通过。在洞口正上方的石崖上，有著名书法家赵朴初题写的"万象洞"三个大字。

2007年，地方探险人员还发现了万象洞的姊妹洞，也称为"新洞"，形成于约5000万年前，处于初步生长阶段，与万象洞呈倒八字分布。目前，新洞以保护为主、开发为辅。

（二）万象洞景区的现状

2017年年初，位于武都区汉王镇将军石、长江大道汉王段东端的万象洞游客接待中心揭牌，游客接待中心是集接待游客、门票销售、导游咨询、旅游产品展示、停车场、卫生间于一体的综合服务体。游客接待中心距陇南武都汽车站11.5千米，距兰渝铁路陇南站6.2千米。在2018年举办的中国西北旅游营销大会暨旅游装备展上，万象洞成功入围"神奇西北100景"榜单，旅游市场影响力大增。

万象洞入口西侧还有一座保存完好的南宋时期的摩崖碑刻《高英万象洞题记》（绍兴二十九年，1159年）。碑刻内容为："绍兴己卯四月晦，郡守河东高英景先，缘巡按山寨回，自福津谷舍甞渡江，游万象洞，壮其瑰异。越六月十有二日，拉别乘颖昌成兮和甫、将佐济南刘海朝宗、鄜延王立子礼、上邽王仁嗣景山、河东郝通德卿、陇干李庠化源、庆阳姚公轼望之、学官左锦袁观子游、巡检京兆韩希清叔、邑尉东都成光延汉卿来游。男逸述侍行。门人东普景大林茂先奉命书。"

万象盛景

（三）对万象洞景区的建议

从游客接待中心至万象洞景区的公路及桥面较为狭窄，靠近山体一侧需重点做好自然灾害防护工程（如排水渠、泥石流导流渠、边坡加固防护等），保证车辆通行安全和游客人身安全。

加强旅游从业人员的专业培训，使其掌握溶洞相关知识及陇南市情，做好陇南特色文化及旅游产品的推介，强化外地游客对陇南市情的初步认知与了解，从文旅市场一线助力陇南文化旅游经济的进一步发展。

（四）万象洞生态文化旅游及其他产业的经济效能

2019年，万象洞景区接待游客人数10.0902万人次，旅游收入达523.032

万元。2020年该景区接待游客人数相比2019年有所下降，尽管如此，依靠万象洞景区，武都城区在住宿、餐饮、交通、购物等方面还是获得了明显的收益，对该区域群众增收发挥了不可低估的作用。

2019年，武都区共接待国内外游客336.8万人次，同比增长16.7%，旅游综合收入19.219亿元，同比增长17.3%。2020年，武都区旅游接待情况较往年有所下滑，全年共接待国内外游客220.55万人次，旅游综合收入11.5356亿元。

2019年，武都区脱贫6915户27 500人，当年出列贫困村99个。2020年脱贫726户2375人，当年出列贫困村9个，实现了2019年整区摘帽退出，2020年现行标准下农村贫困人口全部脱贫、贫困村全部出列，脱贫攻坚取得了全面胜利，区域性整体贫困得到解决。人均纯收入情况也发生了根本性的变化，2013年贫困农民人均纯收入为2249元，2020年增加到8031元，净增5782元，年均增长826元，年均增长20%。在脱贫攻坚的过程中，武都区文化旅游产业对拉动区域经济发展做出了很大贡献。

陇南市牢固树立"绿水青山就是金山银山"理念，发挥生态优势，厚植生态底色，加快建设甘肃绿色发展的典范城市。陇南市是甘肃省唯一入选全国生态环境领域激励表扬城市；康县成功举办了全国政协六省一市政协环秦岭地区生态保护和高质量发展协商研讨会第二次会议。陇南市委、市政府聚焦生态陇南、绿色发展功能定位，落实生态保护红线管理制度，健全山水林田湖草一体化保护和系统治理机制，完善生态文明制度体系，坚持生态优先、绿色发展，筑牢"长江上游生态安全屏障"，构建"三江一水"流域生态廊道，打造"绿色发展高地"，创建多种类型"两山"基地（国家生态文明建设示范县、"绿水青山就是金山银山"实践创新基地——两当县；省级生态文明建设示范区和"两山"实践创新基地——康县；2023年，康县、成县、徽县、官鹅沟大景区、金徽矿业被命名为甘肃省首批"两山"实践创新基地），持续推进大熊猫国家公园、秦巴生物多样性生态功能区等各类自然保护地建设，让陇南"生物群落""生态氧吧""绿色宝库"进一步扩容增量，统筹推进"两山"实践创新基地、气候品牌、森林城市、生态文明建设示范区，努力走出一条生态美、产业兴、百姓富的高质量发展之路。

第四章 陇南红色文化与旅游产业发展

程冰在《文化强国战略中的红色文化底蕴》一文中认为：红色文化从中国近代历史的滋养中生发出来，以中华传统文化为依托，以马克思主义为指导，是在中国共产党带领人民群众进行新民主主义革命、社会主义革命和建设的伟大实践中形成的集体智慧的结晶。习近平总书记在2019年8月22日视察甘肃时说过："陇南是红军长征途经地域最广的地区之一，红一方面军、红二方面军、红四方面军、红二十五军都在这里留下过战斗足迹。"[1]党中央在甘肃境内召开过俄界会议、哈达铺会议、榜罗镇会议，做出将陕北作为领导中国革命大本营的战略决策。所以，陇南是一片红色的"沃土"，红色基因已融入陇南人民的血脉之中。挖掘研究、宣传利用独特且丰富的红色文化资源是促进地方经济社会可持续发展的有效途径。

文化对区域经济社会的发展影响极为深远，挖掘、整理、展示独特的红色文化魅力可以促进人们增强家国情怀，激励国人的改革创新意识，还可以转化为生产力，有助于带动当地经济发展，提高当地群众的生活水平。"通过扩大区

---

[1]《红动陇原100年|红军长征过陇南——红二方面军留下的红色传奇》，《兰州日报》，2021年8月20日。

域旅游合作，增强红色文化商业发展的连贯性。政府要充分发挥旅游业发展规划的领导作用，并根据时间、地点和资源建立研究旅游业发展模型。通过产学研加强当地与其他地区红色旅游业的联系，将竞争关系转化为伙伴关系，共同创造和谐的旅游产品，实现双赢。"[1]陇南红色文化资源富集，具有独特性（如哈达铺红军长征纪念馆、两当兵变纪念馆等），在中国革命建设史上具有重要的影响，而且与相邻的四川省、陕西省及省内的甘南、天水等市州红色文化资源具有紧密的联系，这些都是当地发展红色文化旅游产业的资源优势。

一、红军长征的"加油站"——宕昌县哈达铺镇

（一）概况

哈达铺在中国革命史上具有十分重要的意义。中国工农红军在哈达铺得到了休整，在这里，以毛泽东为代表的红军领导集体做出挥师陕北的战略决策，这里也被称为"红军长征的加油站"。国道212线将哈达铺与宕昌县城连通，2024年1月，随着渭武高速木寨岭特长隧道正式通车，标志着南北大通道G75兰州至海口国家高速公路全线贯通，哈达铺的交通变得十分便利。哈达铺盛产黄芪、红芪、大黄、当归等几十种中药材，结合当地特点，发展出了中药材加工、畜牧养殖、红色文化旅游等产业。

哈达铺红军长征纪念馆

---

[1] 何秋霞：《红色文化带动区域经济发展研究》，《郑州铁路职业技术学院学报》，2021年第2期。

哈达铺镇建有红军长征纪念馆（初建于1978年，进入21世纪之后又投资兴建了新馆），距离甘南州迭部县腊子口战役纪念地约70千米。1936年8月至9月，工农红军二、四方面军进入哈达铺休整后，相继发动了"岷洮西固"战役和"成徽两康"战役，进行了扩大红军队伍、建立地方苏维埃政权和地方武装等一系列活动，为红军三大主力胜利会师奠定了基础。红军和当地群众也建立了深厚的情谊，现在哈达铺镇还有红军一条街留存。

哈达铺生活着回族、藏族、汉族等多个民族。红军历来重视民族工作，赢得了各民族群众的拥护与支持，这也是我党领导的革命与建设不断取得成功的重要法宝。当年，工农红军到达哈达铺后，制定了《回民地区守则》，强调民族平等主张，尊重民族风俗习惯和宗教信仰，维护民族团结。当地各族人民也筹集了大批粮食和军用物资，使爬雪山、过草地后的红军战士得到了很好的补充与恢复。所以，哈达铺红军长征纪念馆设专版展出《回民地区守则》及其他各类反映民族团结的史料，每年来此参观和接受教育的群众有10余万人。

"将旅游产业置于文化产业的框架下发展，才能使旅游产业的发展进入一个长期的可持续性阶段。"①宕昌县哈达铺是红军长征的加油站，是特色鲜明的红色文化资源。要将这一标志性红色文化嵌入旅游产业发展大格局中，吸引更多的游客瞻仰红军长征纪念馆。游客既接受了革命传统教育，又能采购当地群众的特产（红军鞋、红军锅盔等），带动当地住宿餐饮业的发展。

（二）哈达铺红军长征纪念馆的现状

哈达铺红军长征纪念馆初建于1978年；1981年被确定为省级重点文物保护单位；1994年被挂牌为爱国主义教育示范基地；2001年被确定为全国重点文物保护单位；2005年被确定为全国100个红色旅游景点之一；2016年被列入全国红色旅游经典景区名录。"哈达铺红军长征纪念馆"由原中共中央总书记胡耀邦同志亲笔题写。宕昌县哈达铺镇要改革创新，挖掘整理、研究宣传新时代哈达铺红军长征精神，进一步提升红色文化旅游市场的知名度，吸引更多的游客来哈达铺瞻仰革命先烈，感受厚重的红色文化底蕴。

---

① 余洁：《文化产业与旅游产业》，《旅游学刊》，2007年第10期。

（三）哈达铺红色文化遗产

哈达铺还有不少红色文化遗产留存，如红军标语、红色诗词、回忆录等。

（1）红军标语。

红军在哈达铺休整期间，通过制作标语等方式广泛开展了卓有成效的革命宣传工作。

（2）红色诗词。

例如：

咏红军

张炯奎（药铺老人）

仓皇无计欲何之，正是闻风落胆时。

只道伤残同列寇，那知仁义胜王师。

人言戳掠皆虚语，自悔潜逃反失资。

瞥眼雷霆惊震后，听来一路赞扬辞。

作于 1935 年 10 月

回忆长征

肖华

红军越岷山，哈达大整编。

万里云和月，精兵存六千。

导师指陕北，军行道花妍。

革命靠路线，红星飞满天。

1978 年 6 月初作于哈达铺

哈达铺上忆长征

陈靖

哈达铺上溯从来，五十年后思安排。

毋忘赣江湘江障，当记武陵巴陵碍。

夹金山西藏巴山，毛尔盖北若尔盖。

长征两载坎坷道，三军到此颜尽开。

纪念碑

（四）哈达铺红色文化与旅游产业融合发展的不足之处

基础设施建设跟不上市场发展的需求，严重制约旅游产业的发展。宕昌县地处秦巴山区向青藏高原的过渡地带，境内高山沟壑纵横，地质结构复杂，公路建设难度大、成本高。整体来看，交通基础设施建设明显薄弱，通行能力差，严重影响外地游客前往观光旅游。尤其在旅游旺季，住宿餐饮、停车服务等旅游服务不尽如人意，导致游客吃饭、住宿舒适度不高，停车服务满足不了需求。

旅游景点呈点状分布，未形成文旅资源精品线路和链条式产品。宕昌县景点较多，但分布范围较大，景点间交通不便，除了代表性景点之外，游客没有时间和精力再去其他景点，这样易造成客源减少或丢失，从而影响地方经济收入。而且，县区之间缺乏统一的精品线路设计与打造，很难形成规模发展带动效应。比如，哈达铺是红色文化旅游胜地，与之相毗邻的甘南州迭部县的腊子口同样是久负盛名的红色文化旅游景区（红军长征途中发动的腊子口战役也是气壮山河的一次战斗），两个景区之间的旅游公路等级偏低，通行能力与舒适度较低，没有形成红色文化旅游产品链。

宣传模式单一，专业人才紧缺。现在自媒体时代，人人都可以是主播，宕昌红色文化旅游资源需要大批新媒体工作者积极踊跃投入宣传工作，提升和扩大哈达铺及宕昌全县的知名度和影响力。陇南全市旅游方面的专业人才还是相当紧缺的，人才需求是旺盛的，也是刚性的，但由于陇南经济发展水平的落后，没有足够的财政支持，专业人才很难被吸引、留在陇南，专业人才的流失应引起相关部门的高度重视。人才是发展的第一生产力，吸引人才、留住人才是一个地方科学发展的重要任务。

哈达铺"义和昌"药铺

（五）对哈达铺红色文化与旅游产业融合发展的建议

充分利用现有的旅游资源、兰渝铁路和兰海高速公路，发展加工业、旅游服务业和商贸流通业，促进城镇经济的快速发展，建设火车站、高速公路到各旅游景点的快速便捷通道，配套环保舒适的交通工具，为游客提供高质量的全面服务，增强地方旅游产品对游客的吸引力。

整合构建红色文化精品旅游线路。以哈达铺为红色文化旅游基地，与甘南藏族自治州迭部县的腊子口战役纪念馆开展合作交流，为游客提供一站式讲解，帮助游客切身感受中国工农红军长征途经陇南（甘南）时做出的巨大牺牲和历史性贡献。

充分利用陇南唯一的高等院校——陇南师范高等专科学校的人才智力资源优势，各县区均可与之加强合作，培养陇南本土的合格旅游专业人才队伍。有了人才队伍的支撑，陇南文化旅游产业一定会更好更快地发展。在宣传方面，各类专业人才可利用抖音、快手之类短视频或直播等各类宣传媒介，广泛宣传宕昌县独一无二的旅游资源。

（六）宕昌县红色文化旅游产业的经济效能

2019 年，宕昌县哈达铺红色旅游景区接待游客 81.1 万人次；2020 年，哈达铺红色旅游景区接待游客 17.96 万人次；2021 年前半年，随着"党史学习教育"的深入开展，赴宕昌县哈达铺红军长征纪念馆及红军街等红色文化旅游景点参观学习的人数呈井喷式增长，也带动了当地交通、餐饮、住宿、零售等行业的快速发展，经济社会效益十分明显；2023 年，哈达铺红色旅游景区共接待游客 65.34 万人次，经济效益和社会效益相当可观。

二、"两当兵变"发生地——红色福地两当县

（一）概况

两当县位于陕甘两省交界的西秦岭山区，自古以来就被称为"秦陇锁钥，巴蜀噤喉"，北靠天水，西临徽县，东南二面与陕西宝鸡、汉中相连。两当县境内群山错峙，万壑分流，奇峰突兀，地貌复杂。这些特点，也使得两当成为我党早期在甘肃的重要活动地区之一，这一区域也留下了众多的革命遗迹和厚重的红色文化资源，比如两当兵变纪念馆。

"两当兵变"是 20 世纪 30 年代初期，在习仲勋等老一辈无产阶级革命家的领导下，我党在甘肃省组织发动的最早的一次革命武装起义。1932 年年初，杨虎城部的警三旅二团率三个营占领了徽县、成县、两当、凤县，团部和三营设在成县，二营驻防徽县，一营一连、二连及机枪连和营部在凤州、双石铺一带驻防，三连留在两当县城。3 月，一营在凤县已驻防整训两月有余，该营地下党员力量比较雄厚，习仲勋此时已担任营党委书记，各连党支部都已有一二十名中共党员。1932 年 4 月 1 日凌晨，一营的一、二连和机枪连随营部从凤县双石铺出发，向两当方向移动，当日黄昏到达两当县城就地宿营，营部设在县城北街张子恒家（今县政府北侧）。晚上，特派员刘林圃和习仲勋、李特生在县城北门外一家车马店里召开了营委扩大会。会上，习仲勋简要说明了会议目的，介绍中共陕西省委特派员刘林圃和大家见面。会议决定当晚发动兵变，推举许天杰为军事总指挥，营委书记习仲勋参与组织领导行动。午夜 12 点，一声清脆的枪声划破了两当的夜空，战斗打响了，兵变士兵先后击毙了一连连长韩生信、

二连连长唐福亭、三连连长张遇时，营长王德修逃走，战斗异常激烈。战斗结束后，兵变的一营三个步兵连三百多人迅速撤出两当县城到北门外的窑沟渠集合。随后，兵变部队连夜沿广香河向太阳寺方向前进。4月2日，起义部队在此进行休整，营党委在此开会研究了部队整编等事宜。会议决定将兵变部队改编为陕甘游击队第五支队，选举许天杰为支队长、刘林圃任政委、习仲勋任队党委书记。经过整编的一支新生的革命武装力量从太阳寺出发，继续北上。之后，部队一直北上至陕西陇县、乾县，平凉灵台县等地。

"两当兵变"打乱了陕甘国民党军队部署，兵变部队转战陕甘毗邻地区，配合了陕北革命根据地的建设，也为陇南甚至甘肃地下党组织的诞生奠定了坚实的基础。"两当兵变"为我党搞兵运工作积累了宝贵的经验，作为我党在敌人心脏里开展武装斗争的光辉一页载入史册，更是陇南这片热土上一笔极其宝贵的财富。

甘肃省两当县基本遵循历史原貌整修了兵变发生地——张家大院（含屋舍结构布局、家具摆放等细节），改建了张家大院所在的老南街。为了弘扬传承"两当兵变"的革命精神，甘肃省各级党委和政府择新址建成了宏伟庄严、功能齐全、设施先进的"两当兵变"纪念馆。现在，该馆已成为全国著名的爱国主义教育基地。2020年，陇南市还依托"两当兵变"的红色文化资源，组建了两当干部培训学院，使"两当兵变"的红色精神得到宣讲与传承。

"两当兵变"纪念馆

（二）"两当兵变"纪念馆的现状

"两当兵变"纪念馆位于两当县广香东路，占地面积 42 亩，主体展馆既有汉唐风格，又有陕甘毗邻地区的建筑特点，主体一层，局部 2 层，楼高 20.68 米，展览面积 4670.5 平方米，展陈面积 2195.6 平方米。馆内共设三大展区六个单元：第一展区为"两当兵变"事件展区，第二展区为"两当兵变"历史传承展区，第三展区为"两当兵变"主要领导人生平展区。丰富的资料和翔实的内容，展现了一幅可歌可泣的红色历史画卷。

2004 年、2006 年，"两当兵变"纪念馆先后被评为市级、省级爱国主义教育基地；2009 年，"两当兵变"纪念馆被中宣部授予全国第四批爱国主义教育示范基地称号；2010 年，两当县被中宣部等四部委列为第二期红色旅游经典景区县；2013 年 12 月，纪念馆被中国人民解放军第二炮兵政治部命名为第二炮兵理想信念教育基地；2013 年，纪念馆被中共甘肃省委组织部命名为甘肃省党员干部党性教育实践基地；2015 年，"两当兵变"红色旅游景区被评为国家 4A 级红色文化旅游景区；2016 年，中国延安干部学院在"两当兵变"纪念馆挂牌现场体验教学点；2020 年，陇南市依托"两当兵变"红色文化资源，组建了两当干部学院。现在，"两当兵变"纪念馆已成为全国著名的爱国主义教育传承基地，发挥着十分重要的作用。

太阳寺红军街

陇南市红色文化资源富集，发展红色文化旅游产业方面既有资源禀赋，又有国家大力支持的利好政策，可谓得天独厚。《中华人民共和国国民经济和社会发展第十四个五年规划和 2035 年远景目标纲要》中提出，推动文化和旅游融合发展，发展红色旅游和乡村旅游。可见，国家层面对发展红色文化旅游产业和乡村文化旅游产业是大力支持的。据统计，2020 年，我国红色旅游人数达 1 亿多人次，近 5 年来，红色文化旅游人数稳定增长，总人数约占国内旅游市场的十分之一，这是一个庞大的产业市场。

（三）对两当红色文化与旅游产业融合发展的建议

打造红色经典旅游景区。地方政府应围绕"两当兵变"的核心革命精神及敢于牺牲、敢于斗争的伟大创举，深挖红色文化底蕴，深入研究探讨红色文化教育传承，争取红色文化产业开发建设项目，将县城打造成红色文化体验的核心地带，附带其他地方特色文化产业的发展，使两当县形成"红色文化+果老文化+蜀道文化"的多重文化旅游产业发展格局。

两当县老南街"两当兵变"旧址

跳出红色做产业。目前，两当县的产业结构仍然以农业产业为主，旅游产业尚处于起步阶段，产业结构十分单一，通过不同产业区域的调整，增强当地红色旅游资源的丰富性与红色旅游产业的带动性，在凸显红色文化基础上，在较高起点上利用多样性的资源，提升产业带动性，促进县域经济科学发展。

整合开发，因地制宜。两当县应深入挖掘、展示"红色文化"主题，但也要加入其他各类特色文化（如凤县红色文化、果老文化、嘉陵江水文化），在不同区域体现红色文化的连贯性与整体性。让游客在两当红色文化体验中既感到相通性，又感到相异性，从而留下深刻的印象。

（四）两当县红色文化旅游产业的经济效能

两当县红色文化旅游景点主要包括位于县城老南街的"两当兵变"旧址、全国青少年爱国主义教育基地、"两当兵变"纪念馆和兵变队伍整编地太阳寺。2019年，两当县接待游客总数就已达到53万人次，近年来逐年攀升。

三、陇南北部的成徽两康战役

（一）徽县、成县

1936年初秋，红二方面军在宕昌县哈达铺集结，与此同时，红军指挥部提出进行"成徽两康"战役的计划，重点打击盘踞在成县、徽县、两当、凤县、康县的国民党反动军，将徽县定为战役的后方基地。徽成两康等县为红军提供了物资补充和兵员补充，仅徽县一地，就有20余人积极加入了红军队伍。

徽县建有"徽成两康战役"纪念馆，现向公众免费开放，主要陈列关于红军进入徽县之后进行的战役、红军扩充及政权建设等内容的实物、史料。纪念馆现为徽县重要的爱国主义及革命传统教育基地。

徽县"徽成两康战役"纪念馆

红二方面军在成县境内与国民党军队进行了五龙山战役，取得了决定性胜利，贺龙元帅的弟弟贺虎就牺牲在成县。战斗中牺牲的战士都长眠于这片热土。

每年清明时节，党政军机关及各级各类学校都会组织集体缅怀、祭扫革命先烈的活动。

成县政府在原文化馆的基础上改建，并命名为"成县红二方面军长征纪念馆"。该馆也是成县挖掘地方红色文化资源，集中展示、宣传、传承革命优良传统的重要基地。

成县红二方面军长征纪念馆

（二）礼县

礼县高度重视红色文化资源的挖掘、整理及宣传工作，建成了龙池湾战役纪念馆。纪念馆展示的主要内容有龙池湾战役、党组织的发展及礼县人民的解放事业等。

1936年秋，贺龙率领的红二方面军两次经过礼县，留下了许多可歌可泣的故事，成为礼县人民宝贵的红色文化资源。红16师在礼县盐官镇偏东的龙池湾与国民党陆军第3军遭遇，并展开了一场血战。战斗中，敌人从三个方向包围攻击红军，大批红军战士付出了生命的代价，红16师（时任政委晏福生）负责掩护主力，组织突围。红军主力突围后，担任掩护任务的红16师与守敌进行了顽强的战斗。龙池湾战斗中红军损失惨重，牺牲的红军战士有百余名。红16师政委晏福生在当地群众的帮助下，终于脱离危险，后与主力部队会合。1955年，晏福生被中央军委授予中将军衔。纪念馆中还陈列有晏福生后人写的相关回忆录。

礼县龙池湾战役纪念馆

(三) 康县

康县红色文化集中展示中心——"陇南革命根据地纪念馆"位于植被茂盛的白云山公园。建筑主体有四层，主要有综合展厅、专题展厅和多功能厅等。陇南革命根据地纪念馆以浮雕墙、图文史料、文物、硅像、场景模型、多媒体等形式，较为全面地展示了红军长征途经康县时的光辉历史与红色记忆。该馆现已为甘肃省爱国主义教育基地。充分挖掘、整理、研究、传承好红色文化，对康县发展红色文化旅游产业具有十分重要的现实意义和极其深远的历史意义。

陇南革命根据地纪念馆

四、陇南红色文化旅游产业发展的不足之处与建议

（一）交通条件仍需进一步改善

陇南是红色文化聚集地区，在全国层面都是颇具影响力的。尤其宕昌哈达铺和两当兵变，在中国共产党领导的革命史上都是里程碑式的重大事件，意义重大，影响深远。目前，这两处红色文化胜地的发展都受到交通瓶颈的制约。原来宕昌县哈达铺和两当都不通高速公路，游客人数很少。兰海高速（哈达铺至武都段）和两徽高速的开通运营后，省内游客去往两地缅怀革命先烈，接受革命传统教育方便多了。从交通设施建设方面来看，兰海高速哈达铺至渭源段建成通车后，兰州至成都、重庆实现了高速公路连通；两当杨店镇至凤县至太白县（太凤高速）建成通车后，两当至宝鸡、汉中、西安的快速通道也已接通。这两处红色文化旅游胜地一定会迎来更多的游客，这势必提升宕昌哈达铺和两当在红色文化旅游体系中的影响力。

（二）注重个体发展，但缺乏连线整体发展理念

宕昌哈达铺是红军长征的加油站，以毛泽东同志为代表的党中央做出了"到陕北去"的伟大战略转移，影响极其深远，且与甘南藏族自治州迭部县的腊子口战役纪念馆相距较近。可加强与迭部县腊子口战役纪念馆的交流与合作，建立常态化合作机制，可以将两处红色景点串连起来，让游客有相对充实、完整的红色旅游体验。

"成徽两康"战役是发生在陇南北部成县、徽县、礼县、两当等地的一次代表性战役，这几个地方红色文化浓厚，但缺乏整体性的规划与交流合作，没有形成红色文化资源的串联和整合。礼县龙池湾战役发生地在礼县盐官镇龙池村，但龙池湾战役纪念馆却建在礼县县城体育馆，除了参观和听讲解外，游客无法形成现场感。建议在龙池湾战役发生地附近的交通便利处筹建礼县龙池湾战役纪念馆，既能听到专业讲解，也能实地参观，让游客对龙池湾战役的地理地形形成现场印象，从而更深刻地了解红二方面军在途经礼县时革命军人舍生忘死的大无畏精神。

成县阻击战发生地在五龙山，但县城至五龙山没有通畅的旅游公路，与其

他红色景点也未形成关联和整合。另外，红二方面军纪念馆硬件建设尚可，但挖掘、整理、研究、宣传不够。这方面还需地方政府加大资金投入，人才培养、红色文化打造方面的力度。

（三）红色文化旅游产业发展的氛围不够浓厚

礼县、成县、徽县、康县等地还需向两当县（大南街、太阳寺）学习。房屋建筑、雕塑等富有年代感、标识感，才能激发游客探寻革命历史的好奇心和求知欲，同时有助于红色文化旅游产业的高质量发展。"分布在不同地区的红色文化的组合还不够，如何在边缘地区吸引更多的红色游客，已成为亟待解决的问题，红色文化资源与其他旅游资源的结合不足。除了红色文化遗产，红色文化还与自然、人类文化等其他资源有紧密联系，而目前红色文化始终只专注单方面开发，忽略了集成开发和对其他资源的使用。"①挖掘红色文化资源，彰显红色文化魅力，注重多种文化的融合发展，增强游客对多元文化的体验感，将文化资源转化为经济资源，是促进区域经济可持续发展的重要途径。

五、红色文化旅游产业发展的历史机遇和政策支持

习近平总书记历来高度重视红色文化的挖掘与整理、展示与传承。2017年10月31日，习近平总书记带领中共中央政治局常委一同瞻仰了上海中共一大会址、浙江嘉兴南湖红船。2017年12月13日，习近平总书记在徐州凤凰山瞻仰了淮海战役烈士纪念塔，参观了淮海战役纪念馆。2019年5月20日，习近平总书记来到于都县，向中央红军长征出发纪念碑敬献花篮，参观中央红军长征出发纪念馆。2019年8月20日，习近平总书记来到甘肃省张掖市高台县，瞻仰中国工农红军西路军纪念碑和阵亡烈士公墓，向西路军革命先烈敬献花篮，并参观了中国工农红军西路军纪念馆。在纪念馆内，习近平总书记详细了解了当年战斗历史和感人事迹。他强调，我们要讲好党的故事，讲好红军的故事，讲好西路军的故事，把红色基因传承好。②2019年9月12日，习近平总书记专程前

---

① 何秋霞：《红色文化带动区域经济发展研究》，《郑州铁路职业技术学院学报》，2021年第2期。
② 《在习近平总书记的引领下·红色足迹篇|甘肃高台：传承红色基因 续写绿色篇章》，中国甘肃网，2021年4月13日。

往中共中央北京香山革命纪念地，瞻仰双清别墅等革命旧址，参观香山革命纪念馆。2019年9月16日，习近平总书记来到鄂豫皖苏区首府烈士陵园和革命博物馆，瞻仰革命烈士纪念碑和纪念堂，了解鄂豫皖苏区的革命历史。2020年7月22日，习近平总书记参观了吉林四平战役纪念馆，了解那段气壮山河的战斗历程。2020年8月19日，习近平总书记来到安徽巢湖渡江战役纪念馆，重温那段革命历史。2020年9月16日，习近平总书记来到湖南省郴州市"半条被子的温暖"专题陈列馆，了解当地加强基层党的建设、开展红色旅游和红色教育情况。

国家制定、出台相关政策，大力支持红色文化旅游产业的高质量发展。2005年、2011年、2017年，中共中央办公国务院办公厅印发了《2004—2010年全国红色旅游发展规划纲要》《2011—2015年全国红色旅游发展规划纲要》《2016—2020年全国红色旅游发展规划纲要》，对全国不同时期的红色文化旅游产业发展做出整体部署。2014年，国务院印发的《关于促进旅游业改革发展的若干意见》明确，中央政府要加大对中西部地区重点景区、乡村旅游、红色旅游和集中连片特困地区生态旅游等旅游基础设施的支持力度。2015年、2016年，国家相继印发的《关于进一步促进旅游投资和消费的若干意见》《关于加大脱贫攻坚力度 支持革命老区开发建设的指导意见》中都明确支持红色旅游经典景区建设和红色旅游业发展。2016年，交通运输部印发《全国红色旅游公路规划（2017—2020年）》，为全国红色文化旅游产业的发展提供道路基础设施建设的条件保障。2019年，中共中央、国务院印发的《新时代爱国主义教育实施纲要》明确，要推动红色旅游内涵式发展，完善全国红色旅游经典景区体系，凸显教育功能，充分挖掘爱国主义教育资源。2020年，党的十九届五中全会通过的《中共中央关于制定国民经济和社会发展第十四个五年规划和二〇三五年远景目标的建议》明确提出要"发展红色旅游和乡村旅游"，为新时期红色文化旅游产业规划了发展蓝图。

"吃水不忘掘井人"，讲好红色故事、开展红色教育、传承红色基因是习近平总书记一直以来高度重视的问题。陇南要立足自己的红色文化资源优势，开阔思路，深入研究，扩大宣传，拼搏进取。相信在党中央的正确领导下，在利好的历史机遇和有力的国家政策支持下，240多万陇南人民奋力拼搏，陇南的红色文化旅游产业发展一定会迎来更美好的明天。

第五章 陇南民族民俗文化与旅游产业发展

民族民俗文化是一个民族或一个特定地域内的群体在千百年的生活历程中形成的被广泛接受、自觉遵循、主动传承的生活方式，某种程度上已成为某一民族或某一群体生活的重要组成部分，体现了特定民族或群体的审美个性和文化精神，是一个民族或一个群体"活"的文化讯息。"传统民族民俗文化是指人们在群体生活中逐渐形成并且共同遵守的民族习惯和风俗文化，是人们在日常生活中世代沿袭与传承的社会行为模式的表现。"[①]传统民族民俗文化具有鲜明的地域性、传承性、相对稳定性的基本特点，也会有不断改革与创新。旅游资源开发中要深入挖掘传统民族民俗文化，增强旅游产业的文化附加值，形成既具个性魅力又能拉动当地经济发展的绿色产业。

陇南的非物质文化遗产形式多样，分布广泛，内涵丰富，文化门类在甘肃和全国都居于突出地位，地方特色十分鲜明。陇南民族、民俗文化多样丰富，历史积淀深厚，特色鲜明。国家级非物质文化遗产有：西和县和礼县的乞巧节、文县白马藏族的池哥昼、武都区的高山戏、两当号子；省级非物质文化遗产有：康县的锣鼓草（唢呐、木笼歌）、宕昌县的羌傩舞、陇南影子腔、文县的玉垒花灯戏、徽县的河池小曲、礼县的春官唱词、成县的竹篮寨泥塑、礼县盐官镇的

[①] 王向然、罗静：《传统民族民俗文化的有效性保护策略探析》，《凯里学院学报》，2020年第4期。

井盐制作等。其中，陇南乞巧文化和文县白马藏族傩面舞——池哥昼是最具代表性也最富有民族特色和文化底蕴的民族民俗文化遗产。以上各级各类非物质文化遗产都是通过特定时间段、特定场合的文化艺术表演形式来展现的。保护好、传承好陇南各级各类非物质文化遗产对发展地方民族民俗文化旅游产业具有举足轻重的作用。

一、陇南（西和县、礼县）乞巧文化

（一）概况

陇南"乞巧"文化源起并兴盛于西汉水上游的西和县、礼县一带，主要集中在礼县盐官镇、永兴镇、西和县长道镇、西和县城及附近镇村，涉及面积较大，人口数量众多，是我国保存最为完好的原生态乞巧民俗文化。目前，全国妇联联系帮扶陇南西和县，对"乞巧"文化也高度重视；陇南市委、市政府也在北京举行"乞巧文化节"新闻发布会。"乞巧节"的社会影响力逐渐增强。

乞巧文化节的时间段集中在每年农历七月初一至七月初七（7天8夜），有7个固定的程序：坐巧、迎巧、祭巧、拜巧、娱巧、卜巧、送巧。应该说，礼县、西和县的乞巧文化是目前我国乞巧文化中内涵最深厚、意蕴最丰富、保存最完好的，具有很高的文化价值。

（二）乞巧程序

坐巧。乞巧的准备阶段，每年农历六月三十以前，夏收完毕，礼县、西和县西汉水流域部分乡村的乞巧女儿们互相联络，组织选址、筹款、练习歌舞、准备新衣等活动。到了六月三十日这一天，纸火店里就挤满了乞巧的姑娘，她们谈论哪家巧娘娘的模样好看，哪家巧娘娘的衣服漂亮，然后选择一个最满意的巧娘娘"请"到坐巧人家，然后，将巧娘娘摆放在客厅中间的桌子上，乞巧女儿们跪在客厅或院子，开始齐唱"坐巧歌"。

坐巧歌
搭桥歌之一
三张黄裱一刀纸，我给巧娘娘搭桥子。
三刀黄裱一对蜡，手襻的红绳把桥搭。

搭桥歌之二

巧娘娘穿的绣花鞋，天桥那边走着来。
巧娘娘穿的高跟鞋，天桥那边游着来。
巧娘娘穿的缎子鞋，仙女把你送着来。
巧娘娘穿的云子鞋，登云驾雾虚空来。
巧娘娘，香叶的，我把巧娘娘请下凡。

迎巧。每年农历六月三十日傍晚，乞巧的女儿在象征银河的村头小河边举行隆重的"接巧"仪式，带头的两个姑娘示意大家将端午节时绑在手腕上的红头绳解下来，结成一根长长的红绳，唱着"搭桥歌"，将红绳丢进水里，让红绳做巧娘娘下凡的天桥。"搭桥"仪式完成之后，巧头（即村里乞巧活动的负责人或组织者）头顶香盘（盘子里摆放着香、蜡、纸、炮、巧果等），乞巧女儿们把心中善织又聪慧的巧娘娘接进村，迎进坐巧人家的院落。乞巧女儿们全都跪在巧娘娘神像（纸做的神像）前开始唱迎巧歌。

迎巧歌

迎巧歌之一

一炷香，两炷香，我把巧娘娘接进庄。
一对鸭子一对鹅，我把巧娘娘接过河。
一根绳两根绳，我把巧娘娘接进门。
一对蜡，两对蜡，我把巧娘娘接进家。
去年去了今年来，头顶香盘接你来，
巧娘娘，香叶的，我把巧娘娘请下凡。

迎巧歌之二

七月初一天门开，我请巧娘娘下凡来。
巧娘娘，下凡来，给我教针教线来。
娘娘穿的绣花鞋，天桥那边走着来。
巧娘娘，驾云来，给我教针教线来。
巧娘娘驾云进了院，天天给我教茶饭。
巧娘娘请到神桌上，天天给我教文章。
巧娘娘请上莲花台，天天教我绣花鞋。

巧娘娘请来了点黄蜡,天天教我绣梅花。

巧娘娘请来了献茶酒,给我赐一双好巧手。

巧娘娘请来了献油饼,叫我越做越灵心。

先磕头,再作揖,巧娘娘给我教到底。

巧娘娘,祥云端,我把巧娘娘请下凡。

祭巧。乞巧女儿们用特殊的礼仪早晚焚香祭拜供奉的"巧娘娘",祭桌上摆放木质蜡台 1 对、香炉 1 个,主要是上(敬)香、敬茶、献贡果。祭拜后就要齐唱祖辈们流传下来的祭巧歌,以赞颂巧娘娘的神圣、智慧与美丽,并祈祷其赐予祭拜者智慧与能量。

祭巧歌

四月里四月八

四月里四月八,巧娘娘面前把香插。

插一炷香,点一对蜡,磕上开头儿起来家。

巧娘娘,香叶的,我把巧娘娘请下凡。

巧娘娘面前插香去

七月里,七月七,巧娘娘面前插香去。

巧娘娘,祥云端,我把巧娘娘请下凡。

插一炷香,点一对蜡,磕上开头儿起来家。

巧娘娘,祥云端,我把巧娘娘请下凡。

西和县乞巧习俗

拜巧。这是乞巧活动中持续时间最长，场面最热烈的活动，也是乞巧女儿们最渴望的盛事，也叫"寻情"。一般从农历七月初二开始，延续至初六。

拜巧歌

坐巧方唱词

一根香，两根香，我把亲戚接进庄。

一根绳两根绳，我把亲戚接进门，

一对蜡，两队蜡，我把亲戚接进家，

巧娘娘香叶的，我把巧娘娘请下凡。

拜巧方唱词

走在你庄实好看，好像兰州的五泉山，

好山好水好风光，八股子银水往进淌。

巧娘娘香叶的，我把巧娘娘请下凡。

谢庄村（村名）的庄又吊，四把子麻线崩不到。

中间有个银子窖，大人淘，娃娃抱，千年万代淘不了。

巧娘娘香叶的，我把巧娘娘请下凡。

娱巧（也叫唱巧）。过去，在持续七天八夜的乞巧活动中，乞巧女儿们聚集在坐巧人家，又唱歌又跳舞。娱巧活动中最神秘、最有仪式感的活动是跳麻姐姐。乞巧活动越来越欢闹，乞巧女儿们中的某一位女性既唱又跳，状态最为疯狂，大家普遍认为是巧娘娘神灵附体了（带有迷信色彩），此时，女儿们心中有什么疑惑或问题，就可以请教她，她便为女儿们答疑解惑。现在，乞巧活动中基本没有神灵附体这一说法了。

娱巧歌

泼又泼

泼又泼呀，泼又泼，白绫子缠脚乐又乐呀，

用心梳妆打扮来，红绸子鞋上绣花来，

前一跳，后一拐，咯噔咯噔泼起来。

绣花

七月初一天门开，我请巧娘娘下凡来。

巧娘娘，下凡来，给我教针教线来。

巧娘娘教我绣一针，一绣桃花满树红。
巧娘娘，祥云端，我把巧娘娘请下凡。
巧娘娘教我绣二针，二绣麦子黄成金。
巧娘娘，祥云端，我把巧娘娘请下凡。
巧娘娘教我绣三针，三绣中秋月亮明。
巧娘娘，祥云端，我把巧娘娘请下凡。
巧娘娘教我绣四针，四绣过年挂红灯。
巧娘娘，祥云端，我把巧娘娘请下凡。

卜巧。乞巧女儿们早早出发步行到山里，提着水罐，在村庄附近的山泉边迎取甘甜的神水，回村后把迎来的神水供奉给巧娘娘。晚上，女孩们把花瓣和巧芽丢到碗里，用照花瓣卜巧的仪式卜算自己的命运、前途，祈求巧娘娘赐予她们心灵手巧、美满幸福。她们演唱《迎水歌》，表演原生态情景歌舞《照花瓣》。

卜巧歌
跳麻姐姐
麻姐姐，做（住）啥着哩，簸粮食着哩！
簸东了，簸西了，簸下的粮食鸡籫了。
麻姐姐，做（住）啥着哩，磨面着哩！
东磨面，西磨面，渠里无水磨不转。
麻姐姐，做（住）啥着哩，
擀饭着哩！多么少？两盆哩！
薄么厚？照人哩！长么短？噎人哩！
麻姐姐的神——来——了

唱麻姐姐
麻姐姐，虚空来，脚上穿的登云鞋（孩）。
麻姐姐，隔河来，手里打着响锣来。
麻姐姐，翻山来，脚踏铺下的红毡来。

照瓣卜巧
我给巧娘娘点香蜡，巧娘娘你把善心发，
巧娘娘给我赐花瓣，照着花瓣许心愿。

巧娘娘赐个花瓣儿，不巧了给个绣花扇儿。
巧了赐个扎花针，不巧了给个钉匣钉。
巧了赐个扎花线，不巧了给个背筻䄂。
巧了赐个铰花剪，不巧了给个挑（剜）草铲。
巧了赐个擀面杖，不巧了给个吆猪棒。
巧了赐个切肉刀，不巧了给个朽心桃。
巧了赐个写字笔，不巧了给个没毛鸡。
巧了赐个磨墨砚，不巧了给个提水罐。
巧娘娘给我赐吉祥，我给巧娘娘烧长香。
巧娘娘给我赐花瓣，照着花瓣了心愿。

唱乞巧歌

送巧。从农历六月三十晚至七月初七晚上，7天8夜的乞巧活动在忧伤的送巧歌中结束。农历七月初七晚上，乞巧女儿们聚集到院子里，把所有的乞巧歌唱到尽兴为止。等到12点，巧娘娘的影子上了房之后，女儿们怀着依依不舍的心情来到村里的小河边，唱着忧伤的歌曲，用手襻搭桥的仪式把心中的巧娘娘送到银河星汉（焚化巧娘娘的纸偶像，象征把她的灵魂送回天宫）。此时，一年一度的乞巧活动就这样结束了，女儿们期盼第二年乞巧节和巧娘娘再相见。

送巧歌

送巧歌之一

白手帕绣的牡丹花，巧娘娘走家我咋家？
有心把巧娘娘留一天，害怕桥折了没渡船。
有心把巧娘娘留两天，害怕走迟了天门关。
有心把巧娘娘留三天，害怕老天爷寻麻烦。
有心把巧娘娘留四天，留不下来了也枉然。
白手帕绣的苦瓜子，想留巧娘娘没法子。
巧娘娘，想你着，我把巧娘娘送上天。

送巧歌之二

烧的长香点的蜡，喜鹊（野桥）哥哥把桥搭。
喜鹊哥，喜鹊哥，你把巧娘娘送过河。
驾的云，打黄伞，你把巧娘娘送上天。
巧娘娘，想你着，我把巧娘娘送上天。

（三）陇南乞巧文化与旅游产业融合发展的不足之处

陇南乞巧文化的研究与传播受行政区划影响较大，缺乏组团发展的合力。乞巧文化起源于西汉水流域的礼县、西和县交界地带，因此，对乞巧文化的关注、研究、宣传以西和县或礼县为界线都是狭隘的。目前，陇南乞巧文化主要得到西和县政府的重视，民众也乐于参与其中，而同为西汉水上游地区的礼县则对乞巧文化缺乏足够的重视。

陇南乞巧文化旅游节举办地在道路、泊车、管理、服务等软硬件建设方面明显滞后。陇南乞巧文化旅游节每年都会在西和县晚霞湖畔隆重举行，游人如织，车辆数量急剧增长，但从西和县城到晚霞湖景区的道路十分狭窄，通行能力极为有限。当地政府采取封闭道路的措施，只允许游客统一乘坐旅游公司的小型中巴车前往晚霞湖景区，速度慢，效率低，舒适度差，游客满意度不高。

陇南乞巧文化旅游节的层次还不够高，影响力还不够大。目前，仅市级层面举办乞巧文化旅游节，影响力十分有限，应争取在省级乃至国家层面开展宣传展示活动，积极展示陇南乞巧文化的原生态和唯一性，为打造乞巧文化旅游之乡奠定坚实的基础。

（四）对陇南乞巧文化与旅游产业融合发展的建议

乞巧文化的挖掘、研究、传承与发展应打破县域行政区划的限制。西和县、礼县都应高度重视乞巧文化，共同努力，形成区域发展合力，把乞巧文化传承好、宣传好、展示好、利用好。

地方政府应加大对晚霞湖景区道路、停车场等硬件条件的建设力度，努力提升管理理念与运营水平。自西和县城到晚霞湖景区的道路应进一步拓宽，规划设计，建成高等级旅游公路，增强游客旅游的舒适度，吸引更多游客来西和县观光旅游。

西汉水上游地区的西和县、礼县可同时在西和县城、礼县盐官镇、永兴镇联办乞巧文化旅游节，能够进一步提升礼县、西和县的文化知名度，吸引更多游客前来旅游体验，效果将更好。可学习天水公祭伏羲大典的做法与经验，做大做强特色文化品牌，争取在省级甚至国家层面举办乞巧文化旅游节。

地方党委、政府要进一步加强与学术文化界及地方高校的交流与合作，加大对乞巧文化的深入挖掘与研究，扩大乞巧文化的知名度。今后，学术文化界还应对乞巧文化的历史源起、表现形式、意蕴变迁等方面进一步开展有益探索。

（五）陇南乞巧文化旅游产业的经济效能

西和县乞巧文化旅游产业发展势头良好，每年在晚霞湖景区举行的乞巧文化旅游节，对西和县经济拉动效应十分明显，尤其是晚霞湖景区附近的峰坪村、董坡村、姜窑村、董堡村、谢庄村、青沟村 6 个村受益最大。当地农民群众通过餐饮、零售、娱乐等项目，收入明显增加。

晚霞湖景区位于西和县姜席镇。晚霞湖景区周边的峰坪、董坡、姜窑、董堡、谢庄、青沟 6 个村共有农民群众 1196 户 5609 人。2018 年，这一区域农民人均可支配收入达到了 7252 元。2020 年，农民人均可支配收入达到了 8845 元。西和县农民收入来源主要为劳务输出、文化旅游产业及其他特色产业，其中文化旅游产业发展态势很好，经济效益尤为可观。2019 年、2020 年，西和县接待游客人数达 60 余万人次，旅游综合收入约 3 亿元，文化旅游产业增收效果十分明显。

二、文县白马藏族傩舞"池哥昼"

(一) 概况

白马藏族生活的主要区域在甘肃省陇南市文县、四川省阿坝藏族羌族自治州九寨沟县和绵阳市平武县，总人数约2万人。白马藏族有自己的语言，但没有文字，很多文化基本是依靠口述留下来的，代代口耳相授、薪火相传，极其可贵。白马藏族基本居住在大山山腰或山顶，有的信仰护佑他们的山神，也有的信仰水神，还有信仰佛教的，但人数较少。

我国四大天池之一的洋汤天池就在陇南文县，传说主宰洋汤天池的水神就是"洋汤爷"。四川省阿坝州九寨沟县郭元乡沟里村的民众也信仰"洋汤爷"，当地还流传着一段关于"洋汤爷"的传说，这说明甘肃、四川两省白马藏族的信仰与文化是相通相融的。

洋汤爷的传说

很早以前，洋汤大海是我们沟里村的藏族，家里很穷，但是他很孝顺，在村里享有很高的威望。他死后，沟里村的人仍然很敬重他，把他当神一样供奉。沟里村有个池坑，原来是个大大的海子，那是龙王神的宫殿，而守护龙王殿的就是那个孝子洋汤。当时人们上山劳动时要经过这个海子，但是人们不知道洋汤爷在那里，人们在这个地方休息、洗衣服，洋汤爷很生气，他决定离开这个不干净的地方。离开前，洋汤爷向村寨里的头人托梦，说他要离开了，离开时可能会给村里的人带来伤害。村寨头人带着全寨子的人杀猪宰羊，来到海子前，跪下祈求洋汤爷走时别伤害他们，人们会年年供奉洋汤爷，让他享受人间的香火。洋汤爷心里想，他身体这么庞大，直接离开肯定会伤害村寨和村寨里的人们，于是就翻越山梁绕开村寨离开了。现在山上的大池坑，传说就是洋汤爷走时留下的脚印。

洋汤爷走到石鸡坝乡的下马崖准备留下时，发现里面有一匹死马，他认为此地不干净，就又离开了，一直走到了今天文县的洋汤池那里。余下的海子（湖泊）飞跃村寨落下来，落脚点就是现在村寨里的洋汤庙址。沟里村有条沟叫作拉泥沟，说明洋汤爷是从寨子前的大沟流走的。人们在村子里的大池坑里看到了洋汤爷留下的踏板，人们才知道，洋汤爷就是村里的那个大孝子。从此之后，人们更加信服他，文县五河一带的人们都信奉他。人们在插踏板的地方修了洋汤庙、塑了像，每年的三月初三、四月初八，沟里村的人们举行集体祭祀，平常人们也都向洋汤爷祈求出入平安、风调雨顺。

讲述者：侯富荣，白马藏族

采录日期：2012年8月1—2日

"池哥昼"是白马藏族的一种祭祀性的傩面舞，在本地也被称为"鬼面子"舞。其主要的特征是在跳舞时，舞者头戴面具（主要有十二相，包括老虎、狮子、豹子、老鹰、蛇等），身穿兽皮做的袄衣，小腿部位大多用织的布带紧紧缠绕，脚上穿用兽皮做的蛙鞋。文县的这种舞蹈叫"池哥昼"，九寨沟县则称其为"㑇舞"。

四川音乐学院对九寨沟县白马藏族的歌舞高度重视，不仅对此进行研究、挖掘与整理，还在该县相关村寨建立了"㑇舞"传承基地。"池哥昼"是音译，"池哥昼"的"昼"和四川省九寨沟县"㑇舞"的"㑇"应该是同样的意义。"池哥昼"舞蹈团队由9人组成（4人为山神池哥，2人为菩萨池姆，2人为夫妻池玛，1名儿童扮成"猴娃子"），娱乐中蕴含着奇幻神秘的气息。

"池哥昼"表演

白马藏族还有一个颇具民族特点的风俗，即"歌声不断酒不断"。白马藏族中流传的酒歌还有一个美丽的传说。四川省绵阳市平武县周贤中先生于1980年在该县白马乡进行田野考察时，记录了一段白马人关于酒歌的传说。

酒歌的传说

老人们说，白马人从前的酒歌是一套一套的，从天上唱到地下，从高山唱到海子，从太阳唱到月亮。可是现在的酒歌都是趁编①的，看到哪里唱到哪里，想到哪里唱到哪里，见了花儿唱个"密米谣"，见了兰花烟唱个"烟袋歌"。为什么杂七杂八，渣渣草草的呢？还得怪毛驴儿摔翻了"鲁干补"。

从前有三兄弟，老大曹阶凑是一个杀巴②，他做起法来，三天三夜不歇手脚。他有一个铜铃，只要轻轻一摇，隔三道山梁也能听见清脆的铃声。老二岳中碑是一个铁匠，有着一身力气，打起铁来能够一昼夜不歇锤。他有一副好炉具，燃起来隔九个海子也能看见通红的火光。老三阿拉鲁是一个歌手，有兴致的时候，能连唱十五个通宵。他的酒歌装在一个叫作"鲁干补"的容器里。"鲁干补"是什么做的可说不上来，说是石头做的吧，可它透明；说是陶器吧，它又摔不坏；说是牛皮吧，它敲着叮叮地响。总之，它是一个装酒歌的大肚子长颈罐子，阿拉鲁把盖子一揭开，那歌就会像泉水一样地涌出来，他唱也唱不完。

有一次，国王的女儿被一个魔鬼缠住生病了，请了好多的杀巴、医生都没治好。国王张贴出了告示：谁能治好公主的病，就可以同公主成亲，并继承王位。

老大曹阶凑说："我得去碰碰运气，说不定我能赶走这个魔鬼呢。"于是他走到王宫，求得了国王同意，就到神山下升起了祭火。他摇起铜铃，闹腾了三天三夜，可是魔鬼一点也不怕他。到第四天，他疲倦了，还被魔鬼偷走了铜铃，只好悄悄地溜回家来。

老二岳中碑说："我得去碰碰运气，难道魔鬼不怕我的炉火吗？"他到王宫里把炉子生起来，开始打铁。熊熊的火和叮叮当当的锤声把魔鬼吓坏了，连忙藏到王宫后面的竹林里去了。第二天，岳中碑也感到疲倦极了，还被魔鬼偷了铁锤，也只好垂头丧气地溜回了家。

老三阿拉鲁说："说不定我的运气可能会好呢，嘿嘿，让我也去试一试吧。"他赶着毛驴儿，驮上他的"鲁干补"上路了。那"鲁干补"

沉着呢，不一会儿，毛驴就累得走不动了。阿拉鲁把毛驴赶到一棵大树下，卸了"鲁干补"，让它歇息，自己也靠着树干打盹休息。对面树上一只老鸹看见了，叫着："呱呱，好运气，那里死了一个人，让我去饱餐一顿。"它边叫边飞到阿拉鲁头上，想先吃掉阿拉鲁的那对眼珠子儿。阿拉鲁感到眼睛一阵剧痛，猛地伸手一抓，刚巧抓住了老鸹的脖子。"好呀，你竟敢欺侮我，我得把你的脖子拧下来。"

老鸹哀求说："饶了我吧，我不是有意的。"

"我教给你一个办法，你就会得到公主，让她成为你的妻子。"老鸹连忙说出了一个办法，阿拉鲁便放开了它。

阿拉鲁来到王宫，他揭开了"鲁干补"的盖子，唱起歌来。那声音真是美极了，引得宫廷里所有的人都唱起来、跳起来。这样热热闹闹地过了十五天，魔鬼受不住了，赶快躲到王宫后面的竹林里去了。到了十六天，阿拉鲁叫人们用火把那竹林点燃，围成圈儿又唱又跳，魔鬼怎么也逃不出去，就给烧死了。

公主的病治好了，国王也履行了他的诺言，让阿拉鲁同公主成亲，并把王位让给他。到成亲那天，全国的老百姓都来庆贺，王宫里怎么也挤不下那么多的人，阿拉鲁只好让大家都到草场上去唱歌跳舞。

阿拉鲁叫仆人把"鲁干补"运到草场上去，仆人急着想去看热闹，就不停地赶毛驴，那毛驴儿可受不了啦，前蹄一软栽倒在地上，把"鲁干补"摔了下来，里面的酒歌倒出来洒了满地。几个仆人慌了，七手八脚地把酒歌捧到"鲁干补"里，三下两下地连渣渣草草全装进去了。后来，掺进了渣渣草草的"鲁干补"就一直流传下来。

注：

① 趁编：即兴创作。

② 杀巴：道士。

讲述人：昂珠才礼，白马藏族

采集人：周贤中

流传地区：四川省平武县白马乡

采集地点：平武县白马乡

采集时间：1980 年

以下列举陇南文县的白马人吟唱的几首敬酒歌。

追不朝喜

香甜的美酒高高举起来，

美酒敬给尊贵的客人。

你们从远方而来，

翻山越岭辛苦了，

喝一碗飘香的青稞美酒，

尊敬的客人啊，

祝你幸福安康，吉祥如意！

注：歌名为白马语音译。"追不"指客人；"朝喜"指敬酒的歌。

若也朝喜

甜香的美酒敬给朋友喝，

朋友不喝谁来喝。

好朋友在一起就好好耍，

遇上了就痛快地玩。

你是我最好最能干的朋友，

好朋友在一起就应该喝酒。

注：用《追不朝喜》曲谱唱。

曹斌根据记忆整理

白马藏族群众齐唱敬酒歌

少这朝喜

你们是最尊贵的客人，

我们把深深的敬意献给你，

我们把最美好的祝福献给你！

注："少这"指尊客。

啊逆朝呆

最亲爱的人是爷爷，

最能的人是爷爷，

说到哪里都是爷爷能，

能上加能的只有爷爷。

爷爷像太阳一样，

太阳已照到半山腰，

看到看到已经老去，

尊敬的师傅你听，

亲爱的师爷你听，

先祖爷爷你听，

爷爷看着看着头发白了，

一年四季要打听着，

月月要看着，

每个晚上都想着，

香甜的美酒请爷爷喝。

注：本歌为向祖辈敬酒时跪唱。

（二）白马藏族的"诗经"——"录"

四川省九寨沟县白马藏族的"录"保存最为完整，属于该族群地地道道的文学样式。"录"以说唱和韵文为主，反映了白马藏族奇特的文学现象和文学审美，被称为白马藏族的"诗经"。因白马藏族口头文学以白马语为载体，靠师徒相授传承，各村寨传承人保留记忆程度存在很大差异，需要不同师父传承和不同村寨流传的作品互相补充，才能基本恢复原貌。随着经济社会的转型发展，市场经济对村寨民众生活产生较大影响，白马藏族的"录"正以惊人的速度流失、消逝，因此，地方高校科研团队对其进行搜集、挖掘、整理和研究十分必要。

尼唩舍拜①

看天色已经暗下来了，
看到家里的鸡已经上架了。
山上的乌鸦都上山回巢睡觉了，
各家各户都有自己的门，
各家各户门上的字都睡觉了。

最高的山顶上也有个门，
那里的独角鹿也去睡觉了。
山腰看起来也已经黑下来，
住在山腰的羚羊也去睡觉了。

柏香坡②的天也暗下来了，
花色的鹞子要睡觉了。
鹞子睡到什么地方去了？
鹞子睡到柏香坡去了。

松林里面天暗下来了，
里面住的猴子睡觉去了。
猴子睡到什么地方去了？
猴子睡到松林的周边去了。

山上的草坡天暗下来了，
那里面住的野鹿都睡觉去了。
这些野鹿睡到什么地方去了？
这些野鹿睡到草坡的那边去了。

远处山岩上也慢慢暗下来了，
住在那里的豹子也睡觉去了。
这些豹子睡到什么地方去了？
这些豹子睡到山岩周边那一带去了。

长着茂密森林的黑黝黝的山谷天也慢慢暗下来了，
住在山谷的熊也都睡觉去了。
这些熊睡到什么地方去了？
这些熊睡到山谷那边去了。

柳树坡的天也暗下来了，
那里面住的野猪也都睡觉去了。
这些野猪睡到什么地方去了？
这些野猪睡到柳树坡的周边去了。

长着杂灌丛的坡上的天也暗下来了，
那里面住的香獐也都睡觉去了。
这些香獐睡到什么地方去了？
这些香獐睡到柳树坡的那边去了。

长着荆棘丛的坡上的天也暗下来了，
那里面住的山雀也都睡觉去了。
这些山雀睡到什么地方去了？
这些山雀睡到荆棘丛的那边去了。

河坝里的天也暗下来了，
住在河里的鱼也都睡觉去了。
鱼睡到什么地方去了？

鱼睡到水里去了。

注：
① 白马语，说黄昏的意思。
② 柏香坡，山坡，地名。

讲述人：马王军，白马藏族
采集人：蒲向明、鲁建平、杨军、张世明、
　　　　魏红霞、刘吉平
采集地点：四川省九寨沟县白马藏族村寨
采集时间：2012 年 8 月 1—2 日

来穆来喜①

山顶上太阳的温度不太高的时候，
山顶上的冰雪有融化的迹象。
山上的冰雪还没有融化的时候，
山涧里的水开始有了一点温度。

山上的温度没有升高的时候，
树枝还没有发芽。
气温到了一定程度，
树枝就发芽了，
地龙②开始动起来了。

找直的木头做什么？
找直的木头做杠③辕。
找稍弯曲的木头做什么？
找稍弯的木头做杠头。
找弯曲的木头做什么？
找弯曲的木头做榍头④。

把花色的母犏牛放在力弱的一边，

把花色的公犏牛放在力强的一边，
把耕地的杠纤⑤放长一点，
耕地的人要唱起来。

耕地的人耕得好，
就像喇嘛念经翻经书一样。
撒种的人撒得好，
就像法师撒五色粮食祭天地。
刨地的人刨得好，
就像雄鸡吃饱后打颤颤。
锄地的人锄得好，
就像姑娘梳头发。

收割的人收得好，
就像剪羊毛的人一层一层剪干净。
扎捆子的人扎得好，
就像白马女子系腰带。
驮东西的人驮得好，
就像骆驼驮在双峰中一样稳当。

上粮食架的人要会上，
就像雄鸡上鸡架。
扎架子的人要会扎，
就像一对公羊在抵角。
摊场的人要会摊，
就像家族里坐席摆座位。
打场的人要会打，
就像打弹老羊毛一样打得蓬松干净。

收场的人要会收，
就像母鸡翅膀拢小鸡。

扬场的人要会扬，
就像小麻雀满天飞。
槁粮食的人要会槁⑥，
就像山中下大雨。
磨面的人要磨好，
就像山中下大雪。

吃的人要会吃，
就像山中老虎吃黄牛。
喝的人要会喝，
就像凤凰喝甘泉。

种庄稼开始做什么？
种庄稼要从粪⑦开始。
粪堆上面有什么？
粪堆上面站着鸡。
粪堆周围有什么？
粪堆周围猪在哚⑧。
粪堆的下面有什么？
粪堆的下面有雾水。
挡围粪堆的是什么？
挡围粪堆的是柳条编成的篱笆。

驮粪的人要驮好，
就像走路稳当的骡子。
地里的粪堆上面放什么？
粪堆上面放金黄色的石头。

地里的粪堆周边是什么？
粪堆周边是蘑菇。
地里的粪堆下面是什么？

粪堆下面是雾水。

注：
① 白马语，说开春、说庄稼的意思。
② 土狗。
③ 犁。
④ 牛耕时放在牛肩胛上拉犁的用具。
⑤ 犁绳。
⑥ 筛选。
⑦ 农家肥。
⑧ 拱。

讲述人：马王军，白马藏族
采集人：蒲向明、鲁建平、杨军、张世明、
魏红霞、刘吉平
采集地点：四川省九寨沟县白马藏族村寨
采集时间：2012年8月1—2日

火圈舞唱词

到午咒塞业唠哩，到午载色业唠哩。
咒色得木业唠哩，载色得木业唠。
业勾玛必绕杯血，青摆马辈绕伍血。
达嘎盖的车盖哩，达嘎盖的扎爱哩。

汉语大意：

这里是我们过去跳的地方，唱的地方。
这里是我们过去跳的地方，唱的地方。
火儿不吹自己燃起来，青年不叫自己到来。

白马藏族的"录"内涵丰富，已完成整理的有《劳欧赛够》（开天辟地）、《赛欧塞柔》（开疆封土）、《奥赛劳》《乃劳舍拜》（说半夜）、《晒要舍拜》（说早晨）、《拍迈杰》（说父母）、《欧布欧路》（迎客人）、《麻布麻路》（送客人）等，还有大量作品未搜集整理。对白马藏族的"录"这一少数民族文学瑰宝的搜集、整理与研究可谓任重而道远。

（三）白马藏族民俗文化与旅游产业融合发展的不足之处

由于白马藏族同胞居住在高山深谷之中，交通极为不便，与外界交流很少，很多原生态文化保存较为完整，但不为人知。目前，当地尚未将这种特色鲜明的民族民俗文化转化为增加群众收入、带动村寨发展的文化资源。

白马藏族在发展文化旅游产业上，注重"固态文化"（如房屋建筑、服装、鞋帽）和民间传说等方面的整理、展示，对"活态文化"的展演有所忽视，将游客的"观赏"变为"参与""体验"不足。这不利于留住游客，经济收益较低。

（四）对白马藏族民俗文化与旅游产业融合发展的建议

地方政府需要高度重视交通等基础设施建设。争取将白马山寨与主干道（高速公路及国省干线公路）连起来，让外地游客便捷地前来白马村寨观光体验旅游。只要人流量增加，当地白马藏族群众就能借助民族特色餐饮、住宿留住游客，也就能增加旅游收入。

白马藏族村寨的"活态"文化要动起来，让游客有赏心悦目的美好印象。可组建"池哥昼""熊猫舞""火圈舞""敬酒歌"表演小分队等，让游客在观赏中了解白马藏族的历史、传说及文化。推出《白马印记》等非遗文化与旅游产业深度融合的展演场景，还可将建筑、服饰、头饰等"固态"文化的独特魅力展示出来，努力将特色民族文化转化为旅游产业发展的潜能，进一步提升陇南地域文化的影响力。

坚持创新思维，大力支持当地群众参与体验式文化旅游产业发展模式。白马藏族群众迎接或欢送游客时，都会集体唱敬酒歌，而且歌曲不停敬酒不停。可以借鉴藏族的锅庄舞，让游客也参与其中，使游客的身心获得极大的愉悦感。

（五）文县白马人民俗文化旅游产业的经济效能

2019年，文县铁楼藏族乡白马峪河流域（迭堡寨、寨科桥、强曲村、案板地、入贡山等）和石鸡坝乡岷堡沟河流域（薛堡寨、堡子坪等）的18个白马村寨接待游客近20万人次，综合收入约1500万元。2020年铁楼藏族乡村接待民族民俗文化旅游人次12万次，旅游综合收入960万。当地群众通过发展农家乐（餐饮+特色民宿）、销售手工艺品、提供咂杆酒和火圈舞体验等项目实现增收。

"2008年10月，甘肃省社会科学院白马文化与旅游扶贫课题组认为，这些白马文化具有奇特性、唯一性、垄断性和不可替代性，是甘肃特色文化大省中的重要组成部分。"[1]可以说，白马藏族民俗文化旅游产业的良好发展对该区域白马藏族群众改善、提高生活水平发挥着越来越重要的作用。

三、宕昌县藏羌傩舞

（一）概况

"宕昌"一词最早见于《水经注》"羌水"条：羌水（今宕昌岷江）出自陇西羌道，东南流，迳宕昌城东。两晋南北朝时期，北方各民族豪强拥众割据，羌族也建立了宕昌国、邓至国等地方政权。宕昌羌（羌人的一个族群）建立了宕昌国。公元566年，北周灭宕昌国。宕昌国灭亡后，宕昌羌一部分隐姓埋名留守当地，一部分远走他乡，流散融入周边部族。唐朝中叶，吐蕃占领宕昌。如今，宕昌官鹅沟、大河坝等地的藏族民众，据说是宕昌羌人的后裔。宕昌至今还流传着凤凰山神救羌人的神话传说。当地比较有代表性的民间艺术是藏羌傩舞。藏羌傩舞也叫"牛头马面舞""脑后吼"，古时称为羌巴舞，主要流行于陇南市宕昌县的官鹅沟等藏族村寨，已列入甘肃省非物质文化遗产名录。藏羌傩舞有祭祀、祛病、驱鬼、求雨、祈福等法事仪式，包括喜调、悲调、怒调、吼调、咒调等十六种音调，表演团队一般由15人组成（乐队5人，演员10人），舞者为男性，人人手拿木剑、木刀、号角，背着战鼓，看起来粗犷雄浑，反映了藏族群众尚武图强，在争斗中求生存、求发展的文化渊源。

宕昌县藏族群众每逢民族传统节日或举行重大宗教活动都会组织跳藏羌傩舞，在跳傩舞的同时，端公（当地人叫"苯苯"）还会诵念《苯苯经》，行法祈求来年风调雨顺、五谷丰登，保佑黎民福寿安康。

相传，宕昌县官鹅沟原来居住着鹿仁寨氏族部落和金羊寨羌族部落，为了抢夺草原，氏族首领达嘎之子官珠潜入金羊寨打探敌情，却意外邂逅了羌族部落首领木隆之女娥嫚，两人产生了爱慕之情，并私订了终身。后来，官珠和娥嫚在两个部落的冲突中死去。氐、羌两族人民为了纪念官珠和娥嫚，就将这里命名为"官娥沟"。因"娥"与"鹅"同音，逐渐就演化成现在的"官鹅沟"。

---

[1] 杨全社等：《陇南白马人民俗文化图录》前言，甘肃人民出版社，2013年1月第一版。

藏羌傩舞

"'宕昌古羌国'的存在,确实可为当前宕昌当地打造藏羌文化获得了学理上的依据……宕昌历史上虽确有古羌国的存在,但在其后期的发展进程中,融混了吐谷浑、吐蕃、汉甚至回鹘等多种文化成分,形成了'你中有我,我中有你'的文化特征,曾经的古羌文化早已湮没于多次元的文化层累之中,典型性羌文化只是一种理想化的对于历史辉煌的追索。"①可见,宕昌的羌文化确是一种历史存在,如今的宕昌藏族民众部分传承了羌文化,无论是跳藏羌傩舞,还是祭祀凤凰山神,都能感受到藏、羌文化的融合。

(二)宕昌藏羌文化与旅游产业融合发展的不足之处与建议

缺乏文旅融合发展的整体规划。宕昌县的官鹅沟是一张靓丽的自然风光系列名片,但当地文旅宣传仅局限在自然风光领域,应该把山清水秀的自然风光同藏羌傩舞表演有机结合,让游客在领略自然美景的同时,也能切身感受到底蕴深厚、特色鲜明的藏羌傩舞的独特魅力。

对宕昌古羌文化和藏文化的关注研究不够。地方政府要重视对古羌文化、藏文化的挖掘、研究与宣传,可邀请专家学者深入挖掘、整理、研究羌藏文化,召开学术研讨会,以学术界的理论研究反哺文旅产业的高质量发展。

---

① 张犇、张曦之:《从宗教信仰与法器设计辨析宕昌藏族的"泛羌性"特征》,《艺术探索》,2016年第6期。

从理论上来分析，发展传统民族民俗文化旅游业可以在发展当地经济的同时促进传统民族民俗文化的发展。"民俗文化遗产的保护必须原汁原味，切不可进行过度商业包装。不同的文化形态都有自己特殊的生存、生长环境，如果被硬生生圈养在狭小的舞台里，仅供人们消遣娱乐，实际上已经失去了它的原生态价值，这就不是保护民俗文化遗产，而恰恰是割裂它的生存血脉。"[①]一些地区对民族民俗文化旅游资源进行突击性开发，结果造成过度商业化，民族民俗文化成为商业经济的附属品，从而使民族民俗文化丧失原有的风格与品位，我们应引以为鉴。

四、陇南戏曲社火

（一）戏曲

1. 武都高山戏

国家级非物质文化遗产——高山戏是盛行于陇南市武都区鱼龙、隆兴、龙坝、汉王、马街、安化、佛崖、角弓等乡镇的一种民间戏曲，与武都邻近的西和县、康县、文县也有少量流传，是甘肃省地方特色鲜明的剧种。高山戏历来都以口传心授的方式进行传承，其题材有些来源于武松打虎、李逵探母、康熙拜师等经典故事，有些来源于王祥卧冰等民间传说，绝大部分则来源于百姓的日常生活，如《两亲家打架》《讨债》《三女不孝》等。高山戏题材丰富、来源多样，具有很高的文学价值。高山戏的演出程式主要有"过关""上庙""走印""踩台""灯官说灯""开门帘""打小唱"等，这些程式反映了武都区山区的民风民俗，也艺术地再现了高山戏演进发展的痕迹与脉络。

武都区鱼龙乡上尹村、杨坝村、观音坝，隆兴乡叶家坝、王家坝、蛇崖、白路窑等地的高山戏演出有较大影响力。其中，上尹村业余剧团最具代表性，剧团设有名誉团长、团长、副团长、头人、总导演、编剧、配乐、导演、武场（外）、武场（内）、文场、化妆、音响、会计、把式舞队、舞狮、跑船、高跷、花匠、后勤、箱担、演员等多种职位。该村有近百人参加演出，规模宏大。高山戏的特点主要表现在以下几个方面：传承传统文化的表演内容、寓教于乐的

[①] 单霁翔：《民俗文化遗产保护、传承与民俗博物馆建设》，《民俗研究》，2013年第4期。

灵活的演出方式、表里一致的乡土气息、诙谐幽默的戏剧语言风格、雅俗共赏的文化品格。

武都高山戏表演

高山戏的语言具有口语化、个性化、动作化和夸张幽默的特点。例如传统高山戏《老少换》：

> 王媒婆：我，王媒婆，今儿个早起，梳妆没毕，那南坪肖甘民就找上门来，央求我给他寻个婆娘。这娃长得一红二白，像水里淘了一样，可偏偏小小儿没了娘老子，家里穷得呀锅盖贴锅底，穷归穷，人穷寻婆娘还是应该的吧！

该剧中"今儿个""没毕""婆娘""娘老子"等词都是当地群众的日常用语，对农民演员来说，朗朗上口，极富表现力。

又如高山戏《回娘家》：

> 梅花（唱）：云雾山上北风寒，
> 　　　　　　梅花急忙把路赶。
> 　　　　　　一口气跑过大硬湾，
> 　　　　　　黑头平垭儿把气缓。
> 　　　　　　嫁到天水市十里铺，
> 　　　　　　十年没回娘家路。
> 　　　　　　米仓山上下了车，

好像腾云又驾雾。

站在山头往前看，

两条岔路在眼前，

不知哪条去阳坝，

梅花心中好为难。

左右为难心正烦，

身后走来一老汉，

稍等一会把路问，

问清道路不作难。

该剧中"赶""跑""缓""下""站""看"等字词把梅花回娘家时的心情与动作表现得相当到位，体现了戏剧语言的独特作用与魅力。

高山戏是在中华人民共和国成立初期（1959年）命名的，是陇南目前为数不多的国家级非物质文化遗产。其形式丰富多样，唱曲风格各异，服饰色彩对比明显，因而也有"中国戏曲研究的活化石"之称。

2. 礼县、西和县的"影子腔"

影子腔是在民间木偶戏的基础上于民国末期发展形成的一种地方戏曲，广泛借鉴、吸收了当地民间的小曲、说唱等。

皮影戏

礼县影子腔，表演形式是灯影戏腔调，演员的舞台表演、演唱技巧和唱功大多是经师父心传口授的，唱腔基本是地方语音，方言浑厚朴实、通俗易懂，具有极其浓郁的乡土味。影子腔的代表性剧目有《太子游四门》《碧血西城》等。

陇南（礼县、西和县）影子腔是一个独具地方特色的剧种，曾一度在当地具有极强的生命力和影响力。然而，随着时代的变化和社会的发展，当前影子腔艺术的传承与发展面临无人想学、无人可传的现实困境。

3. 两当号子

2008年，两当号子被纳入省级非物质文化遗产保护名录；2020年，两当号子成功入围国家级非物质文化遗产名录。两当号子主要盛行于陕甘两省毗邻区的两当云屏、广金等地和北部的张家庄、太阳寺的部分地区，是秦岭地区民间最具代表性的地方曲艺，地域特色十分鲜明。两当在发展生态文化旅游产业、红色文化旅游产业的同时，如能对两当号子这种"活态文化"进行深入挖掘、整理、展示，势必会为文化两当增色不少。下面列举几首两当号子唱词：

苞谷叶叶像把刀

苞谷嘛叶叶呦呦，像把刀哩么呦呦，三月里种菜呦嗬嗬，四月里薅呀么小哥哥，花花么开在呦呦，尖尖上哩么呦呦，娃娃么背在咿呀咿子喂，半中腰呀么小哥哥……

箱夫号子

点火了，嗨嗬嗬、嗨嗬嗬、嗨嗬嗬、嗨嗬嗬、呦嗬嗬、呦嗬嗬、呦嗬嗬、呦嗬嗬、扯起来呦，哎——哎——嗨——千买哎，卖的哪，万买的卖呦，劝郎那莫在，哎——进厂呦容易哎呦，出厂呦难呦，挣钱嘛好比那针挑土，花钱嘛好比那水推沙呦……

山歌好唱难排头

山歌子好唱哎……难排头呦……阿哥我有话呦……开不了口……唱一支山歌哎甩过了山哦，阿妹呀会不会砸着你呀的头……一起唱到白呦了头……

（二）社火

1. 以"崇尚自然、祭祀神灵"为主题的社火

西汉水流域的礼县、西和县的民间社火主要体现了对神灵的崇拜。比如，

西汉水流域的村庄一般都建有马王爷庙（祠）、土地爷庙（祠）和爷祠（一般建在水泉旁侧）。人们祭拜马王爷，主要是希望神灵护佑当地群众五谷丰登、六畜兴旺；对爷祠的祭拜，主要是表达对水神或龙王爷的崇敬。

一般而言，只有在正月初三晚饭后，一年一度的社火仪式才能开始前奏（即打鼓、打钹）。正月初三日下午3—4点，祭拜先人（逝世不满3年的先辈）的民众会将坐纸（摆放在案头的纸钱包）送至坟头烧掉，据说是因为先人们喜欢清静，所以，此时不敢打鼓打钹吵闹。正月十二晚上，神社火才会正式开始，直至正月十八晚才以"卸降"的方式宣告结束。"卸降"就是把社火期间各种用纸做的社火道具（包括纸龙、狮子头、灯罩、旱船上悬挂的纸坠子等）付之一炬。待全部烧光后，人们才各自回家。

2. 以"娱乐民众、展示技艺"为主题的高台社火

礼县的高台社火（主要集中在盐官、红河、宽川等乡镇）最具代表性，也有着深厚的文化底蕴和鲜明的地域特色。每年正月十二至十五是高台社火表演的最佳时期，当地群众涌上街头，一睹高台社火的独特魅力。当地的能工巧匠根据历史传说、民间故事、神话故事、时代新闻，思考借鉴传统戏曲、舞蹈、杂技的长处，在拖拉机上、小型货车车舱中，人们用木椽或钢筋绑定成一定高度的架子，塑以造型，让身穿古装、精心化妆后的孩子们在高架上扮演孙悟空、猪八戒、观音菩萨、白娘子、许仙、诸葛亮、张飞等神话或历史人物，做出各种表情或动作，带给观众无尽的欢乐。

礼县的高台社火艺术紧跟时代步伐，在继承中改革创新、积极向上，这也是高台社火艺术得以传承下来并不断发展的原因之一。

（三）陇南戏曲社火文化与旅游产业融合发展的不足之处

武都高山戏、两当号子及礼县、西和县的"影子腔"地域局限性很大，创新意识和"走出去"意识还不够强，导致陇南戏曲社火在市域、省域内知晓度较低。

当地缺乏现代化融媒体传播平台支撑，拍摄、制作等技术团队建设和平台建设跟不上文化旅游产业快速发展的需要，宣传明显滞后，对自媒体时代的特点把握、利用不够充分。

（四）对陇南戏曲社火文化与旅游产业融合发展的建议

当地要主动"走出去"，借鉴成功的推介营销模式。天水"麻辣烫"火爆网络时，文县白马藏族文化演艺团队走进天水古城，跳"池哥昼"，唱"敬酒歌"，品"咂杆酒"，让全国游客领略独特的白马藏族文化与风情，以吸引游客来陇南观光旅游。陇南的戏曲社火文化也可以借鉴这一模式，走出家乡，在区域中心城市开展文化旅游宣传，增强对游客的吸引力。

地方政府和文化旅游企业要支持建设融媒体团队，论证挖掘各县区戏曲社火文化的代表性作品，精心设计编排节目，制作系列高质量微视频，加大推送力度，引导网络关注陇南戏曲社火文化，激活文旅市场发展动能。

第六章 陇南乡村文化与旅游产业发展

在国家全面实施乡村振兴战略的时代背景下,乡村文化要复苏,乡村产业要扶持,乡村经济要发展,农民才能过上稳定的小康生活。"乡村旅游扶贫战略的提出和落实是对乡村旅游这一符合乡村自然资源和历史特点的扶贫形式的肯定,充分体现出乡村旅游巨大的发展潜力和联动效力,可关联农村第一二三产业,打破农村单一产业模式,实现农业和旅游业的融合,助力贫困乡村经济结构的升级和乡村贫困人口的收入增加。"[①]乡村文化旅游产业的健康发展,对农民群体增加收入、进一步提高生活质量发挥着重要的作用。

一、特色小镇建设与发展

(一)"盐文化"特色小镇——礼县盐官镇

前文对盐官镇盐文化的起源、特点以及与秦文化的关系等做了较全面的阐述,此处不再赘述。礼县盐官镇是陇东南地区唯一一个盛产井盐的历史文化名镇,在现有盐井古街、"盐文化"广场、博物馆的基础上,可举办盐文化旅游节,将非物质文化遗产——盐官井盐制作工艺与流程、盐婆婆的传说等展示、讲给游

---

① 武永成:《乡村旅游对乡村扶贫工作的意义及具体提升路径》,《汉江师范学院学报》,2021年第2期。

客，让井盐制作工艺和盐婆婆的故事能够传承下来。

（二）"茶文化"特色小镇——文县碧口镇

碧口镇位于"两江"（白龙江、白水江）交汇处，水量很大，既是甘肃最南的商贾重镇，也是甘川两省的水旱码头。碧口与四川青川县毗邻，海拔不足700米，气候温润多雨，土地肥沃，是茶叶的适生区，尤其是碧口镇李子园的茶园很具代表性，这里盛产龙井，有久负盛名的"龙井43号"。此区域所产茶叶在甘川地区很有影响力。故而在当地特色产业基础上发展以"茶文化"为代表的生态旅游产业是碧口镇的重要发展思路。

（三）"大熊猫湿地文化"特色小镇——武都裕河镇

裕河镇是陇南市武都区比较闭塞的乡镇之一，但也因为相对封闭，一定程度上保护了这里的原生态植被和丰富多样的动植物资源。裕河镇是近三五年被挖掘、发展起来的特色乡镇，是国家级自然保护区，也是武都区的茶叶主产区（基本实现了户户有茶园，茶园总面积近2万亩）。裕河现已成为国家大熊猫湿地公园，生活着大熊猫、金丝猴、羚牛等多种国家重点保护动物。能休闲避暑、划船漂流、采茶品茗、近距离观察大熊猫和金丝猴的文化旅游区，将会是武都区生态文化旅游产业发展的一个新的支撑点和亮点。

（四）"酒文化"特色小镇——徽县伏镇、成县红川镇

众所周知，陇南徽成盆地（以徽县、成县为核心区域的浅山丘陵区）是我国白酒生产的重要分布区域，以盛产金徽系列酒和红川系列酒而闻名。徽县伏镇是金徽酒的生产地，现建有金徽酒博物馆、酒海陈列馆。金徽酒厂进行了园林式改造，现已建成为国家4A级文化生态旅游景区。金川、红川酒对当地的财政税收贡献不可忽视。

徽县伏镇和成县红川镇可以从"酒文化"入手，借助陇南经济开发区的快速发展，将这里打造升级为陇原"酒文化"生态旅游产业园区，既可以促进陇南巩固脱贫攻坚的成果，还可以进一步拉动陇南经济开发区的科学发展。

现在规划建设的陇南经济开发区位于徽成盆地的徽县伏镇、栗川和成县的红川、店村等乡镇，地势平坦开阔，"十天高速"穿境而过，在栗川有高速出口

和入口，交通十分便利。随着水、电、路等基础设施日趋完善，入驻企业数量逐渐增多，这里将成为陇南新的经济增长极。

（五）"红色文化"小镇——宕昌县哈达铺镇

宕昌县哈达铺镇被誉为红军长征的"加油站"。中国工农红军一、二、四方面军三大主力长征都曾经过哈达铺。1935年9月18日，党中央率领红一方面军突破天险腊子口，占领哈达铺。9月20日，毛泽东、周恩来等中央领导到达哈达铺，并做出了"到陕北去"的重大战略决策。

红色文化是宕昌县高质量发展的根脉与灵魂，红色旅游是宕昌县高质量发展的优势与潜力所在。哈达铺镇红色文化旅游资源禀赋优越，独一无二，应科学编制宕昌县红色文化旅游发展规划，以哈达铺镇为核心，串联带动南河、理川、阿坞等六个乡镇，加快形成"众星拱月"式红色文化旅游融合发展新格局，打造具有鲜明宕昌辨识度的红色文化旅游，创新推动红色文化旅游与全域旅游紧密交融，激发红色文化旅游消费潜力，让红色文化旅游成为富民富县的绿色产业，更好地赋能县域经济社会高质量发展。

除以上特色文化小镇之外，陇南其他县区也有一些特色鲜明的文化小镇，比如康县的阳坝镇（以梅园沟茶园生态文化为代表）、西和县的长道镇（以乞巧文化和三国文化为代表）、两当县的杨店镇（以故道文化和红色文化为代表）。在国家进一步深入实施乡村振兴战略的时代背景下，乡村文化旅游产业融合发展势在必行，大有可为。"在乡村旅游基础设施建设方面，政府要加强道路交通、通讯网络、餐饮住宿等基础设施建设，增强乡村旅游的承载力和接待能力，确保游客'进得来、玩得嗨、吃得好、住得下'。"①政府主导、企业融资、民众参与，才能助农增收，推动乡村文化旅游产业健康发展。陇南各县区特色文化小镇建设过程中，要组建由高校教师、地方学者及政府智库组成的专家组，对县域的特色文化进行考证与论证，挖掘、研究、宣传具有代表性和影响力的文化，在城镇建设中渗透和凸显特色文化元素，才能显著增强特色文化小镇对游客的吸引力，彰显其独特魅力。

---

① 向延平、陈友莲：《乡村旅游驱动乡村振兴实现路径研究》，《重庆科技学院学报》，2021年第4期。

二、乡村文化旅游产业发展的代表——康县、徽县

自党的十八大以来，在十余年的实践中，康县县委、县政府重新审视山清水秀的自然资源，做好绿色发展的顶层设计，梳理规整、分门别类，分步骤、有重点地进行打造、包装、宣传、推介，乡村文化旅游产业迅猛发展，原先经济落后、交通闭塞、民众贫困的县情得到了根本性的转变，真正实现了"弯道超车"。"两山理论"在康县美丽乡村建设中的实践与创新，从根源上破解了美丽乡村建设发展中的现实难题，为欠发达地区美丽乡村建设提供了一种可参考、可借鉴的"康县模式"。

（一）康县王坝镇大水沟村

1. 基本村情

康县位于秦岭西南麓的甘陕交界处，森林覆盖率高达70%，是一座名副其实的天然氧吧。王坝镇是康县的东大门，距县城8千米，国道345穿境而过，交通十分便捷。大水沟村位于王坝镇人民政府以西4千米处，距县城10千米，有5个社、176户、701人（其中劳动力352人），耕地760亩，人均1亩，退耕还林420亩。2015年贫困户25户90人，当年贫困发生率12.8%。2020年，该村人均可支配收入4879元（其中，乡村旅游产业带动人均收入达1686元）。

2012年，康县将大水沟村列为美丽乡村精品村示范点，按照整流域综合扶贫建设生态旅游专业村的定位，整合项目资金，提高建设标准，组织专家反复研究，决定充分利用该村植被覆盖好、生态环境优的实际，重点打造生态旅游村，把绿水青山变成金山银山，带领村民走上了脱贫致富的小康之路。2015年，大水沟村荣获"中国最美村镇""省级生态文明村"等称号。2019年，该村又被国家林业和草原局认定为"国家森林乡村"。

党的十八大以后，美丽乡村建设在全国范围内全面推开。康县县委、县政府立足县情，在大量深入基层农户调研的基础上，多次召开县域经济社会发展座谈会，研究确立了"多个渠道进水、一个龙头出水"的资金整合方式，按照"不砍一棵树、不毁一株草、不挪一块石、不埋一口泉"的"四不"理念，在大水沟村率先启动全县第一个美丽乡村建设，拉开了全县美丽乡村建设的帷幕。按照县委、县政府"各炒一盘菜、共办一桌席"的部门协作机制，王坝镇党委、

政府着力破解一家一户单打独斗的难题，建设道路、改造危房、统一风貌、配套建设村民服务中心、文化广场、乡村舞台、村史馆、图书室，公共基础设施得到了极大改善。目前，已建成休闲文化广场 5 处、农家书屋 1 个、护村河堤 2 千米、便民桥 4 座、沼气池 35 座、垃圾房 14 个、公厕 4 座、形象门 1 座，改造桥梁 24 座，村庄绿化 4200 平方米，安装太阳能路灯 30 盏。"小、矮、空、黑、脏、乱"的老旧土坯房不见了，烂泥沟也不见了，掩映在绿水青山间的，是一处处青瓦白墙、错落有致的新农村。屋舍青青，田园如歌，大水沟村绿意盎然，生机勃勃，展现出一幅美丽乡村新画卷，现已成为康县生态旅游型美丽乡村。

放眼现在的大水沟村，小桥流水人家，亮丽清洁的水泥路，错落有致的农家小楼，转动不息的老水车，枝叶繁茂的花草树木，该村群众生活幸福指数明显提升。

2. 具体举措

利用生态禀赋，整合政策资金。大水沟村立足生态优势，从绿化、亮化、美化着手，打造亮点，提升村庄品位。大水沟村主任张礼兵说："在村庄建设过程中，坚持不砍树、不埋泉、不毁草、不挪石的原则，变废为宝，对废旧的瓦片、河道的石头和枯干的树枝竹片等进行精细加工打造。这既解决了建筑垃圾无处堆放的问题，又保护了村庄的原生态风貌。"该村整合各类涉农项目资金的有效做法为全县美丽乡村建设提供了可借鉴的宝贵经验。

重视民间传承，展现活态文化。大水沟村非常重视"神棍棍""吹唢呐""霸王鞭""羊皮扇鼓舞""唱书"等民间非物质文化遗产的挖掘、传承与保护。镇村组织非遗传承人通过举办民间培训班、开展面对面传授等形式，使得该村民俗文化得到了有效保护，同时也丰富了广大农民群众的业余文化生活。大水沟村已经成为城里人的后花园，在这里，不仅能够看见儿时玩过的陀螺、铁环，还能听见老爷爷老奶奶哼唱的民间小曲。"村史馆"还陈列有年代久远的石磨、镰刀、铁犁头、蓑衣等农用工具，真实再现了农耕文化，让人们真正"记得住乡愁"。

企业深度助力，群众主动参与。该村成立了乡村旅游度假公司、演艺公司等企业，创建了农家乐及农家客栈，让广大游客体验田园生活、参与民俗活动、休闲养生度假。在美丽乡村建设中，该村坚持规划先行，提出基础设施配套化、经济发展产业化、村容村貌园林化、家庭院落花园化、村风民风和谐化、管理机制长效化的"六化"建设标准,在村"两委"班子的带领下,广大群众参与建设家乡的热情空前高涨。

3. 群众访谈

张永升(65岁、中共党员、初中学历):

我在家中看门,儿子儿媳都外出务工了,孙女、孙子都在外读大学。我见证了整个村子的变化,我们农民的生活水平得到了很大提高,人们生活越来越好,村里破旧房屋改造时,政府投资一部分,农户自己出资一部分,对住房进行了翻新改造,大水沟是全县改造的第一批乡村,也是全县第一个旅游村,村里道路也硬化了,这些变化全靠党的好政策,县委书记是党的好干部。

张金清(76岁、中共党员):

新农村建设靠的就是伟大的中国共产党,光靠农民的两只手是不行的,我们村的环境和住的条件变化太大了,多亏党的好政策,这都是乡镇干部、村干部和群众一起干出来、拼出来的。

张永康(68岁、群众):

我们村第一批农村住房改造,瓦片、油漆、顶棚等都是政府投资完成的,现在的柏油路能够通往大南峪、云台、大堡等乡镇,群众出行方便得很,党和政府给我们老百姓办了很多的实事、好事。

记录人:赵芳霞、赵云涛、张永兴、王满龙

4. 存在问题

该村与国道连接道路过于狭窄,弯道偏多,车辆会车让行比较困难,部分临崖路段常有落石,存在明显的安全隐患。

该村是康县2012年第一批美丽乡村建设示范村,从现在来看,部分房屋改造不够彻底,屋内及庭院环境有些凌乱,卫生状况也较一般,村内河道两侧通行道存在局部不畅通的问题。

该村青年劳力普遍外出打工,村里留守儿童的成长陪伴和老人的生活照料存在问题,缺乏支撑家庭经济收入的产业基础和务工平台。

5. 发展建议

地方政府可整合"一事一议"等各类涉农项目资金,拓宽改造道路,提升村道通行能力,及时排查消除临崖临水路段安全隐患,栽植行道树,美化亮化通村公路。

结合农村危房改造工程,进一步改造提升农村房屋面貌,美化农家庭院,引导群众勤打扫,维护好庭院及村道环境卫生。

关于留守儿童及老人的看护照料问题,地方政府可探索"政府补贴部分"+"家庭自筹部分"+"农村志愿服务部分"托幼养老模式,构建以市场为主导的城乡一体化托幼养老体系,体现"以人为本",服务乡村振兴。

(二)康县王坝镇何家庄村

1. 基本村情

何家庄村位于 G345 沿线,距县城 6 千米,总面积 7.55 平方千米,森林覆盖率达 95%,辖 5 个社 324 户 1392 人。2013 年年底该村还是王坝镇最大的贫困村;2014 年开始美丽乡村建设;2017 退出贫困村序列;2018 年实施全省田园综合体建设试点项目,目前已创建为国家 4A 级乡村旅游景区。该村先后荣获"甘肃省森林小镇""省级改善农村人居环境千村美丽达标村""中国最美村镇""国家森林乡村创建工作样板村""中国休闲美丽乡村"等荣誉称号。

该村生态环境优越,民俗文化独特,是理想的乡村文化旅游目的地。党的十八大以后,康县县委、县政府立足县情,开始实施美丽乡村建设,2018 年开启甘肃省田园综合体建设试点项目。王坝镇党委、政府紧紧围绕"一达标、两不愁、三保障",通过一系列扎实有效的举措和六年的坚持拼搏,何家庄村 2020 年底顺利实现脱贫,美丽乡村的知名度和美誉度持续提升。

该村根据人文历史资源,建成乡村舞台 1 个、村级文化小广场 5 个、美丽乡村主题馆 1 个、云起书院 1 所。2020 年,该村党支部牵头成立乡村文化旅游公司,整合村社资源,采取"公司+村集体+农户"的模式运营,主要经营康县农特产品展销中心、乡村书吧、写生基地、16 座民宿小木屋、5 个小作坊和云起书院。2021 年,该村流转农户土地 600 余亩,打造了牡丹籽油加工农业观光体验园,带动农户直接参与到乡村旅游产业中,在助农增收奔小康的同时还美化绿化了家乡。何家庄村的变迁与发展就是"两山"理论的生动实践。

2. 具体举措

政府牵头,群众参与,加强基础建设。按照"田园观光、休闲度假、宜居宜游宜业"的发展思路，康县对何家庄村进行了整体设计、打造提升，坚持脱贫攻坚、美丽乡村建设、乡村旅游齐头并进，何家庄村成为全县后进变先进的典型村。在实施美丽乡村建设之前，何家庄村的路况是"晴时一身土，雨天两脚泥"，行路难、出行难是群众的烦心事、闹心事。美丽乡村建设实施后，农家院落硬化了、村庄道路铺油了、农家房屋亮化了，乡村面貌焕然一新。

党建引领，率先垂范，增强群众信心。康县坚持"生态为基、发展为要、民生为本、党建为先"的农村发展政策，倡导"带领大家富，才是好干部"，要求基层党员干部牢固树立带领群众脱贫致富的责任感和使命感。镇村干部敢想、敢干、敢试、敢闯，围绕发展特色产业、乡村旅游，宜种则种，宜养则养，宜游则游。在拆危治乱、房舍改造工作中，村党支部发动群众党员成立党员突击队，帮助劳动力不足的家庭拆旧建新。在美丽乡村建设中，党支部发挥了战斗堡垒作用，共产党员发挥了先锋模范作用。

创新思路，产业支撑，助推群众脱贫。为了进一步拓展何家庄乡村旅游市场，该村还举办乡村旅游节等系列文化娱乐活动，吸引客源，带动消费，增加收入。在促进农民群众增收的方式上，何家庄村实行"政府扶持+专业合作社+农户"的经营方式，组织村民养殖中蜂、培育木耳（油牡丹）、流转闲置土地、种植经济作物、农民入股分红等。冯瑞青副镇长说："地方企业积极融入美丽乡村建设，也是康县行之有效的举措，比如某公司投资兴建特色民宿、云起书院、主题馆、农家乐，租借农户住房、招收服务员，既解决了部分待业劳动力就业的问题，还增加了当地农民群众的经济收入。"该村部分农户还紧跟网络时代发展步伐，线上直播带货销售农户自己酿的苞谷酒、高粱酒、猕猴桃酒、玫瑰醋、养生醋、菇类和菌类等特产。农民自己创业，政府会给予一定的创业奖励。由此可见，何家庄村还是一个有情有义有爱的"温馨港湾"。

3. 群众访谈

冯瑞青（30岁、中共党员、大学学历、毕业于甘肃政法大学，王坝镇人民政府副镇长）：

何家庄村按照生态旅游大景区来规划，依托美丽乡村建设和田园综合体项目，发展乡村旅游产业，主要打造诗画田园游、农特产品展销、当地特色小吃、水果采摘、民宿住宿、民俗体验、书画写生等特色项目，建设宜居、宜游、宜业的美丽乡村。乡村旅游有效解决了农村空巢老人和留守儿童等社会问题，实现了就业不离家，有力推动了乡村振兴。2019 年，何家庄村接待游客约 8.6 万人次，旅游综合收入 280 余万元，农民人均可支配收入在 1 万元以上。

4. 存在问题

村庄道路入口、出口分离值得肯定，但路面宽度过于狭窄，来往车辆较多，交通容易堵塞，不利于乡村旅游产业的高质量发展。

田园综合体发展势头好，但特色田园民宿价位偏高，游客观赏完田园美景后不愿在此住宿，而是直接进城住宿。城区住宿价位相对便宜，停车就餐也更方便。

该村建有高等院校写生基地，但规模性住宿和餐饮保障条件很有限，平时基本没有高校师生规模性团体写生，缺少了客流，收入机会也随之减少。

5. 发展建议

适当拓宽村庄道路，可结合地形特点，隔 100 米左右设一个临时停车码头，便于车辆会车，确保交通畅通。

利用农家庭院建设特色民宿，价位更加亲民，增加游客数量和群众收入。

加强与地方高校的交流与合作，做实做大做强艺术写生基地，同时开展文化交流活动，吸引文化界人士，进一步提升何家庄村的知名度。

（三）康县岸门口镇朱家沟村

1. 基本村情

岸门口镇朱家沟村距县城 8 千米，辖 6 个合作社 257 户 946 人，耕地 906.62 亩，林地 6520 亩。2014 年年底该村建档立卡 61 户 248 人，2020 年实现全面脱贫。2016 年朱家沟村被列入第四批中国传统村落保护名录；2017 年被评为甘肃省"精神扶贫工程"示范村；2018 年被评为全省乡村旅游示范村、国家 3A 级旅游景区；2019 年被评为全市脱贫攻坚先进集体；2020 年被评为国家 4A 级古村康养旅游景区。

朱家沟村依山傍水，风景秀美，文化厚重，历史悠久。一条清澈的小溪从村中缓缓流向燕子河，小溪两岸从高到低依次排列着村民住宅，村口有一株约 1800 年的麻柳树，村内还有一处约 200 年的朱家大院古建筑群，一座名为"康宁桥"的廊桥连通小溪两岸。村里随处可见的古道、古宅、古泉，牌坊、石碾、磨盘、拴马桩等传统文化印记，体现出这座传统古村落神秘的历史记忆和闲适的生活情趣。

2016年，朱家沟村启动以"保护发展传统村落，传承弘扬红色文化"为主题的美丽乡村建设，在改善人居环境的基础上，深入挖掘古村落历史文化（以朱家大院为代表）和红色文化，大力发展乡村文化旅游产业。通过传统村落的可持续保护与发展，朱家沟村焕发出新的生命力，昔日深度贫困山村实现了向乡村振兴示范村的华丽"蝶变"。

2. 具体举措

党建引领，打造特色民宿乡村文化旅游品牌。甘肃文旅智库秘书长、兰州文理学院旅游学院院长高亚芳认为"康县模式"主要体现在六个"一"，即一张蓝图和作战地图、一批景村一体化乡村、一张传世之作（美丽村居图）、一批高品质乡村旅游民宿、一批新业态新产品、一批富民惠民的乡村居民参与模式。朱家沟村的五福临门就是一家高品质乡村旅游民宿，也是该村一张最具显示度的靓丽名片。首都经济贸易大学旅游研究中心主任蔡红指出："乡村旅游成功发展经验之一，就是对历史文化、传统文化进行深度开发和利用。"神秘且富有传奇色彩的朱家大院已成为该村吸引游客的巨大文化驱动力。

高亚芳强调，建民宿要学会讲故事，寻找那些有故事的地方和有故事的人。当地某民宿负责人朱彦杰就是那个会讲故事的人。朱彦杰，这个土生土长的朱家沟村人，通过成功创建特色民宿，已成为康县乃至陇南市乡村文化旅游产业的引领者。朱彦杰在创建民宿产业时，得到了村党支部的大力支持，他采取"支部+公司+农户"的模式，争取中央财政发展村集体经济资金50万元，依托朱家沟古村康养旅游景区，把乡村旅游和民宿体验结合起来，按照项目带动、入股分红的方式经营民宿。他经营的民宿还入选了全国首批甲级旅游民宿名单（共31家），甘肃省共入选两家。该民宿的建成运营，不仅盘活了当地村民闲置的传统民居，还帮助村民在家门口就业增收，延伸了乡村文化旅游产业链。

朱氏老宅是民宿建筑群"朱家大院"的核心景点，村里为了保护老宅的原貌，按照"修旧如旧"的原则进行修缮，保留了原有的木质构件和石雕瓦片，外部风格上贴近原貌，呈现浑然一体的视觉效果。北京第二外国语学院旅游科学学院王金伟认为，民宿确实不应该仅仅是居住空间，还应该是美学空间和人文空间。朱家大院从整体上保存了该村历史文化的原真性，也保留了朱氏老宅独特的人文底蕴。目前，全村乡村旅游年收入达 300 多万元，文旅产业发展带动全村 61 户群众增收致富。

央企参与，打造燕河湾文旅综合体，助力康县经济社会高质量发展。中国建筑集团有限公司（下称"中建集团"）是定点帮扶康县的大型央企。中建集团结合朱家沟村依山傍水、生态良好、底蕴深厚、交通便利、临近县城的实际，投资 10 086.9 万元，兴建了康县旅游产业扶贫示范园项目——燕河湾民宿文旅综合体，作为中建集团定点帮扶康县精准扶贫产业扶贫项目。

该项目的主要功能包括住宿、餐饮、会议，项目总用地面积 36 129.22 平方米，总建筑规划面积为 3500.00 平方米。2018 年，中建集团投资 8055.4 万元，由中国市政工程西北设计研究院有限公司规划设计；2020 年，继续投资 1500 万元，打造景区健身步道、后山排水渠堤岸加固防护、景观工程、燕子河两岸（南北滨河路）栈道及景观建设工程。

中建集团还投资 300 万元改造提升朱家沟古村工程，投入 231.5 万元修建了燕子河朱家沟村桥梁。中建集团的积极参与，不但改善了朱家沟村落后的基础设施，还有效提升了该村对外开放的水平，推动服务区域文旅产业高质量发展。

据中建集团燕河湾工程总经理张阳介绍：燕河湾民宿综合体包括园林外景、住宿、餐饮、不同规格的会议室、健身房等，还建有菌类养殖基地、燕河泉矿泉水生产线，解决就业 32 人（其中 30 人是陇南本地人）。将来还会建设大型露天烧烤基地，吸引更多游客来康县朱家沟村观光旅游，实现乡村美丽、产业振兴、群众富裕的发展目标。

3. 群众访谈

朱彦杰：

朱家沟村属于康县岸门口镇，是一座拥有鲜明红色文化特点的传统古村落。2016 年 12 月，朱家沟村被列入第四批中国传统村落名录，先后被授予甘肃省首届精神文明示范村、甘肃省乡村旅游示范奖等多项荣誉。该村距县城 8 千米，辖 6 个合作社 267 户 973 人。2020 年脱贫完成之前，村中建档立卡贫困户有 63 户，48 人，贫困发生率约 30%。2013 年人均收入为 3800 元/年，村民们主要收入来自于务农以及劳务输出。2016年，朱家沟以保护"发展传统村落、传承弘扬红色文化"为主题实施了美丽乡村建设，随后进行了乡村旅游的开发。2017年4月15日，朱家沟旅游村正式运营接待游客。2018年，村里流转了5户村民共32间空闲的房屋改建成民宿客栈，一年给农户6000~7000元的补贴。2户村民做起了旅游产业销售，1户做电子商务中心，先后带动30户人家直接参与到乡村旅游的行业当中。村民中也有参与土特产、红色旅游纪念以及本地特色小吃等销售的，直接受益的村民达到100多人，间接受益的村民达到300多人。

2014年，朱家沟村有贫困户79户；2017年年底只有19户未脱贫，贫困发生率从39%下降到11%，2019年贫困发生率下降到0.4%。2017年，朱家沟村全年接待游客12万人次，乡村旅游收入约50万元，人均年收入提升了800元。2018年游客接待量达到15万人次，2019年游客达到18万人次，村民人均收入提升至2000元/年。2020年，村民人均收入达9200元/年。朱家沟村最具代表性的农家乐就是"五福临门"，主要为游客提供特色餐饮与民宿服务，2020年收入达180余万元，为本村32人提供了就业岗位，其中有贫困户15人，每月收入人均2000元，32名群众年收入达64万多元，实现了村民不出村能挣钱、能脱贫、能提高生活质量的发展目标。

朱倍长（60岁、朱家沟村道路清扫人员）：

我在村里干道路清扫工作已经两年多了，政府每月给我发500元工资，年龄大了，在家门口做点力所能及的工作，还能有些收入，能减轻子女的负担。我们的住房由自己建造，但为了建美丽乡村，门匾、墙漆、道路等都是政府负责做的，感谢党和政府！

张彦明（52岁、朱家沟村村民）：

朱家沟村自2016年开始新农村建设，在保持房屋原有传统模样的基础上进行了翻新粉刷，尊重群众的想法，生活的环境更好了，住得更舒服了。我的经济收入主要依靠在县城周边做零工，现在政策好，有了收入，也就能保证正常的家庭开支和日常生活。

4. 存在问题

康县县城至朱家沟村的主干道是康阳（康县—阳坝镇）公路，弯道偏多，路面狭窄，交通事故频发，从主干道跨越燕子河的桥面也明显狭窄，通行能力差，村口没有停车场也是一大缺陷。

朱家大院平时没有对外开放，管理运营存在缺位，外地游客来朱家沟村的主要目的是参观品味朱家大院古建筑群，大门紧锁是常态，不利于吸引游客。

5. 发展建议

尽快启动"康阳高速公路"（即康县县城—阳坝镇）建设项目，在岸门口镇设出入口，拓宽跨河大桥，修建朱家沟村停车场（可适当收费，方便游客），连通县城、阳坝和宁强县青木川古镇，打造环线精品旅游线路。

将朱家大院古建筑群的日常管理运营交由康县文化和旅游局负责保护、修缮、开放等，可适当收费，方便游客参观了解朱家沟村最具吸引力、最富神秘感的古建筑群院落。

（四）康县长坝镇福坝村

1. 基本村情

福坝村辖 5 个合作社，现有 272 户 986 人，有耕地 4048 亩。2014 年建档立卡贫困户 141 户 511 人，贫困发生率 58.67%。从 2014 年开始，县乡两级整合各类建设资金 67.04 万元，政府投入产业奖补资金 134.98 万元。2016 年进行美丽乡村示范村建设；2017 年实施贫困村环境整治项目；2018 年完善巷道庭院硬化，整村危房清零；2020 年新修广场 4 个 1800 平方米，提升改造石材路面 2600 平方米、房屋 256 座，架设路灯 65 盏，完成知青大院修缮恢复及村史馆布展，建设农家乐和农家客栈 2 家。同年，招商引进重庆绿投公司合作开发"山根梦谷"民宿项目，一期投资 3600 万元，农户投资入股 780 万元，直接受益群众 70 户 260 人。

曲径通幽的小巷，古香古色的民宿，别具风格的农舍，随处可见的"福"字，都为福坝村增添了厚重的农耕文化韵味和喜庆祥和之气。近年来，随着"一带一路"美丽乡村国际论坛永久会址选在福坝，该村迎来了千载难逢的历史性发展机遇。按照"国际范、甘肃味、乡土情"的建设思路，该村建成了集"康养休闲、旅游观光、农事体验"于一体的多元富民产业示范型美丽乡村。

2. 具体举措

大力发展高科技农业产业。福坝村按照"全域旅游、川坝蔬菜、半山林果、高山药材"的思路，成立农民专业合作社 11 家、龙头企业 3 家，建成专业食用菌基地 100 亩、紫雏菊 200 余亩，养殖中蜂 960 箱、能繁母猪 1000 头、土鸡 20 000 只，种植养殖年产值达 1100 万元。福坝村党支部书记权连华说："新建成的农业产业科技示范园，着重解决新品种、新技术、新产品、新渠道等农特产业发展的瓶颈问题。"该示范园每年实现销售 2780 万元，解决 78 人就业，带动周边 1600 户从事中药材种植，帮助农户销售中药材 3600 万元，户均增收 2 万余元。

发掘知青文化，招商引资打造特色民宿产业。福坝村充分挖掘历史古迹、民俗文化，加强乡村原貌和古民居保护，复原当年知青大院、酒坊、豆腐坊等场所，做到"一户一品""一处一景""一景一韵"。利用闲置民房组建农家乐 7 家、咖啡馆 1 家、小吃店 3 家，改善了人居环境，打造了"升级版"美丽乡村。

此外，该村于 2020 年招商引进重庆某公司研发建设了民宿产业园，吸引投资约 2 亿元，流转整合土地 50 亩、农户房屋 25 座、老旧房子 260 间，并以部分土地入股的形式进行开发，农户折资入股 260 万元，受益群众达 70 户 260 人。民宿产业园借山而居，傍水则栖。该公司负责人介绍，民宿在建造时，尊重当地自然生态环境，秉承康县美丽乡村建设理念，在保护中开发，在开发中保护。如今的福坝，正行驶在乡村振兴的快车道上，它将以更加崭新的姿态出现在世人眼前。

3. 存在问题

对知青文化主题大院的宣传打造不够充分。发掘知青文化，创建以怀旧风格为主的知青大院值得肯定，但缺乏深入的思考、挖掘、利用，游客只能机械地观看一番，没有体验知青生活（餐饮住宿等）的条件。

住宿餐饮等基础设施不够健全。福坝村民宿环境及餐饮服务保障条件较差，留不住游客，群众也就没有收益。民宿产业园与村道之间约 80 米的连接线过于狭窄，车辆通行能力差，对民宿产业发展有负面影响。

4. 发展建议

提升知青大院住宿餐饮保障水平。为进一步增强游客对知青生活的切身体验，可流转周边民宅，开发建成干净、卫生、整洁的客房，并配备餐厅服务。

民宿与村道连接道路还需拓宽。民宿还需扩建停车场，拓宽连接道路，为来往车辆提供舒适快捷的交通保障条件。民宿价位明显高于陇南市民经济收入水平，可适当调低收费标准以吸引游客。

(五)康县长坝镇花桥村

1. 基本村情

花桥村位于长坝镇,距离县城26千米,是陇南"美丽乡村"样板村。该村辖8个合作社,205户815人。花桥村先后荣获"中国茶马古道文化艺术之乡""中国乡村旅游模范村""甘肃省乡村旅游培训基地""全省农民回乡创新创业基地示范区""2016中国最美村镇生态奖和人文奖""2017中国最美村镇50强""中国最美休闲乡村""中国美丽乡村百佳范例"称号;2019年被国家林草局认定为"国家森林乡村"。该村现已建成集乡村养生养老、田园观光、休闲度假、民俗体验、乡村旅游及农产品加工销售等产业于一体的乡村旅游4A级景区。

花桥雪景

陇南市委、市政府,康县县委、县政府结合康县植被覆盖率高、山清水秀的良好自然禀赋,充分挖掘自身长处,规避交通闭塞等发展短板,着力打造花桥村。现在的花桥村溪流潺潺,白天鹅、黑天鹅来回畅游,村前村后森林覆盖,村里果树密布,门前屋后道路良好,路边是各色各样的花圃,有高档酒店,也有特色鲜明的农家客栈,住宿餐饮条件很好。尤其在炎炎夏季,这里俨然一个避暑山庄,还有很多农家客栈的客房会被外地游客按月或年预订,游客可随时来花桥村避暑度假,村民的经济收益也比较可观。

2. 具体举措

党建引领,花桥村党支部联合村民干部、私营业主组团经营,成立了花桥村乡村旅游协会，以协会形式抓好工作落实，惠及协会全体成员，协会成员工作积极性很高。

花桥村注重种养殖产业齐头并进。花桥村主导产业有养殖业、种植业和劳务产业，其中养殖业主要有养鸡、养牛、养羊、养猪和养蜂，种植业以花椒、核桃和中药材为主。特色产业的发展改变了过去人们以农作物种植为主的生产方式，改变了过去农民靠天吃饭的窘境，也帮助农民脱了贫致了富。

大力发展农家客栈（民宿）及特色餐饮服务产业。地方政府对投资建设经营农家乐的农户给予了一定的资金扶持（5万元/户，资助20户，共100万元）。截至2021年年底，村里已有20家农家客栈可提供餐饮服务。

企业参与，为美丽花桥建设注入强劲动力。甘肃省公航旅集团借助全省景区建设运营的经验，于2016年在当地建成房车营地。该营地紧邻省道307线，交通便捷，占地4.3万平方米，设置房车营位6组32个、自行式房车露营位8个、集装箱营位24个。帐篷营位则可利用草甸露营区灵活布设，配有多台进口、合资、国产等不同类型的房车可供选择，可同时满足约280人户外活动、露营休闲、旅游度假的需求。在县委、县政府的指导下，陇南市龙江公司投资3000余万元，建设了游客中心和宾馆、停车场以及餐饮服务设施等，大大提升了花桥村对外形象和旅游接待能力。

3. 群众访谈

访谈者：

田书记您好，花桥村不仅是康县美丽乡村的一张名片，也是陇南市乡村文化旅游产业发展中最具代表性的，请您介绍一下花桥村基本情况和乡村文化旅游产业发展是如何带动群众实现脱贫目标的。

田仲虎：

花桥村辖8个合作社，205户，815人。2013年，建档立卡贫困户93户，263人，人均年收入为2860元/年。2015年开始旅游示范村建设。在县委县政府的指导下，市龙江投资公司投资了3000余万元，建设了游客中心、宾馆、停车场以及餐饮设施等。同时，政府按照10 000元/间的标准支持农户每家建设5个标准间，投资建设经营农家乐，享受政府资助（5万元/户，计划资助20户，共100万元）。截至2021年，村里已有20家农家客栈。

村民们还经营了便利店、4家土特产销售网店和20余家线下实体特产销售店。至2021年，依托美丽乡村旅游产业，花桥村人均年收入达到11 120元。游客中心、农家乐、销售网店等为本村60余人提供了就业岗位，人均月收入2600～3200元。

花桥村旅游产业发展迅猛的一个主要原因是村党支部真正成为引领群众脱贫、注重质量提升的坚强战斗堡垒。2016年，为打破乡村旅游发展瓶颈，花桥村党支部因地制宜，联合社员干部、私营业主组团经营，花桥村乡村旅游协会应运而生。旅游协会结合实际，下设旅游扶贫、环境卫生管理、餐饮管理和公共安全管理4个分会，由村党支部书记担任协会会长，专职副会长和各分会会长通过选举产生，吸纳村内各企业业主和本村个体经营农户为会员。乡村旅游协会参照市场行情，统一确定农家客栈住宿价格，统一对农家乐菜品实行最高限价，统一对经营主体进行监督管理。目前花桥景区收入逐年增加，特别是农家乐、农家客栈生意火爆，2016年以来接待游客36万人次，极大改善了当地农民群众的经济收入状况。

访谈对象：田仲虎（花桥村党支部书记）
访谈时间：2021年6月5日
访谈地点：花桥村游客中心

4. 存在问题

旅游资源挖掘不充分。花桥村目前旅游资源单一，仅以观光游为主，展演式、体验式、参与式文娱活动很少，留不住过夜客，住宿、餐饮、农特产品销售面临发展窘境。

基础设施不完善。因该村尚未修通高速公路，交通相对闭塞，客流不稳定，停车场收费偏高。农家客栈及宾馆住宿条件一般，设施不健全，急需提档升级改造。农家庭院和村道缺少垃圾桶，游人随手乱丢垃圾，农户养狗，到处乱跑，影响了游客心情，破坏了景区环境。

宣传不到位，景区辐射范围偏小。该村忽视了宣传工作的重要性，导致对周边地区的辐射范围小，游客数量较少，无法为景区带来更大经济收益。

5. 发展建议

加快康略（康县望关至陕西省略阳县）高速公路建设进度。改善康县乡村旅游产业的交通环境，为游客提供安全舒适便捷的交通服务保障条件，降低停车场收费标准。

注重乡村旅游产业的"连片"规划与线路设计，如"花桥村—福坝村—香子坝—凤凰谷村—朱家沟村—何家庄村"等线路，让游客有线性旅游感受，从整体上领略康县绿色乡村及特色文化的魅力。

在观光旅游过程中，餐饮方面可开发地方特色美食及做法展示，还有地方特色鲜明的文化展演活动（如演唱毛山歌、表演棒棒鞭、展演"女娶男嫁"独特婚俗等），让游客在欣赏绿水青山的同时，还能亲身感受康县独特的民风民俗。有利于增强游客的体验感，留住游客，从而提升经济收益。

健全完善基础设施后，一定要加强乡村特色文化旅游产业的信息化建设，通过自媒体等增强对外宣传力度，提升知名度，吸引游客。

（六）康县城关镇凤凰谷村

访谈者：

凤凰谷村是康县最早的美丽乡村示范点，村容村貌变化很大，群众收入增加明显，村民参与热情高，请您介绍一下凤凰谷村基本情况。

史佐宏：

凤凰谷村，原名史家沟村，位于县城西北 2.5 千米处，全村有 8 个社 267 户 876 人。该村 2012 年被列为全县生态文明新农村建设精品村，2015 年被评为全国首届乡村旅游模范村，2016 年被授予"全国美丽乡村人文奖""全省引领先锋奖""陇原先锋号"等多项荣誉。在实施精准扶贫之前，村里有建档立卡户 36 户，135 人，人均收入为 3000 元/年，一般的农户收入为 8000 元/年；2020 年，建档立卡贫困户人均收入达到了 8000 元/年，生活质量得到很大提升。

访谈者：

为了实现脱贫致富奔小康的发展目标，凤凰谷村具体采取了哪些措施或以哪种途径增加群众收入，请您介绍一下具体情况。

史佐宏：

2012 年开始美丽乡村建设，通过大力发展乡村旅游产业，村民的收入整体有了很大的提升。目前，村里有农家乐 3 户，小型饭店 2 户，集住宿与餐饮于一体的小型商家 1 户，农家客栈（以自家经营为主）10 余户，同时还有便利店、盆景、花卉养殖户以及本地农副产品销售户若干家。农家乐、客栈与饭店的服务员、厨师等服务人员约 16 人。以村内某农家乐为代表，2012 年开始以"家庭式"经营模式运行，参与过"康县全域旅游百村千户万床奖补工程"，2015—2016 年营业额达到 100 万元/年，给村民的分红也达到了 25 万元左右。从 2013 年开始，本村游客接待量达到了 1 万~2 万人次/年，2016—2018 年突破了 8 万人次。

凤凰谷村打造的是生态化旅游，保持村子原有的风貌，提供安静、舒适的自然环境，同时距离县城近，交通较便捷。村子里文化活动相对比较丰富，2012—2014 年间曾连续举办"乡村文化旅游节"，主要是村民自发组织，以庙会、特色美食展览、邻村广场舞比赛等形式展现，既获得了游客与村民们的一致好评，更是文化搭台、经济唱戏的最好实践。

访谈对象：康县城关镇凤凰谷村党支部书记史佐宏

访谈时间：2021 年 6 月 5 日 14:20

访谈地点：村委会广场大核桃树下

（七）徽县嘉陵镇田河村、江洛镇李家寺村

1. 田河村

田河村，徽县嘉陵镇嘉陵江畔的一个小山村，依山傍水，气候温润，土地肥沃，是甘肃省长江流域银杏树的主要适生区。据考证，该村树龄千年的银杏树就有近 160 株，是全国极为罕见的古银杏树集群。田河村还被中国林学会授予了"中国最美银杏村落"的称号。

近年来，田河村干部群众结合本村银杏树繁多、盛产银杏果、植被覆盖率高、濒临嘉陵江的地理区位优势，积极思考，主动创新，大力发展依托银杏树群落的乡村文化旅游产业，已取得了较好的市场收益。目前，田河村大力改善村庄基础设施，硬化了村舍道路，安装了太阳能路灯，临路的农户安装栅栏式围墙，开办了几家农家乐，建成了田河村银杏展示园（文化馆）、嘉陵江奇石展室等特色文化旅游资源，逐渐形成了炎炎夏季嘉陵江漂流、感受银杏人家的乡村情怀，金秋时节来田河村观赏银杏黄叶、品银杏茶、赏嘉陵奇石的特色生态文化旅游发展格局。

不足之处及建议：该村基础设施建设不完善。田河村村舍道路基本硬化完成，但缺乏一定规模的停车场和干净舒适的宾馆。地方政府应加强基础设施建

设（如宾馆、停车场等）；将银杏的根茎叶制成不同的养生保健药品、纪念品等，拉长产业链。尤其金秋时节，整村银杏黄叶与嘉陵江两岸的绿树红叶相互映衬，是观赏银杏美景的最好季节，然而外地自驾游游客因无处停车，也无处住宿，只能匆匆游览一遍就驱车离开。留不住游客，本地的农户除了在村口路边兜售银杏果之外，基本没有其他经济收益。

旅游资源过于单一。田河村除了银杏美景和嘉陵奇石外，基本再无其他可观可赏的亮点了。如能在挖掘银杏生态文化乡村旅游特色资源的同时，结合嘉陵江的山水资源、宝成铁路和徽（县）白（略阳县白水江镇）公路过境的交通资源，邻近三滩名胜及嘉陵水道、吴王城等历史文化遗址进行"线性"规划与整合，做好住宿餐饮、垂钓漂流配套设计，讲好历史故事，打造历史生态文化暨陇上江南乡村旅游精品线路，将会对嘉陵江沿线村镇旅游经济的发展起到至关重要的作用。

2. 李家寺村

徽县江洛镇李家寺村是陇南为数不多的能够种植稻谷的小片区域。李家寺村的稻田比较成规模，而且基本是连片的，位于国道316线旁侧，交通便利。

"稻花香里说丰年，听取蛙声一片。"这一诗情画意的场景如今可在李家寺村切身体验。地方政府可立足当地这一特色资源，打造陇原稻田观光村，发展稻田生态乡村文化旅游产业。在开发利用方面，地方政府可借鉴陕西省汉中市勉县的龙湾村开发的油菜花观光乡村旅游的发展模式，规划建设成片的稻田（包含临河的丘陵坡地），对河道进行疏浚清理，建成集住宿、餐饮、停车、会务接待等功能于一体的高中档接待中心，大力支持发展特色民宿及农家乐。这些思路及举措都可以促进乡村特色文化旅游产业的科学发展。

"乡村旅游作为乡村振兴战略的一种重要发展方式，成为实现乡村脱贫和乡村资源保护的有效路径……传统村落作为乡村旅游发展中一种独特的人居文化空间，是一种典型的文化生态型聚落。"[1]在美丽乡村建设和乡村旅游产业发展方面，康县是一面旗帜、一个标杆。康县县委、县政府认真践行"绿水青山就

---

[1] 张静、朱红兵：《传统村落旅游地居民效益感知的前因与效应评价研究》，《辽宁工业大学学报》，2021年第4期。

是金山银山"的理念，打生态牌，走特色路，实现了生态宜居、农民增收的新农村发展目标。

李家寺稻田

目前，在美丽乡村建设方面，陇南市各县区高度重视，扎实推进巩固拓展脱贫攻坚成果同乡村振兴有效衔接，加快建设宜居宜业和美乡村，注重挖掘乡村特色文化，紧密结合自然禀赋优势，打造了一批美丽乡村示范点。如徽县的田河村、青泥村和稻坪村，文县的铁楼白马藏族村寨，宕昌县的鹿仁村，武都区的张坝村，成县的梁楼村、南山村、柏湾村，两当县云屏村等。相较而言，西和县、礼县由于受自然禀赋、生态条件、基础设施条件及创新意识等方面的制约，美丽乡村建设与发展明显滞后。在全国全面建成小康社会、巩固脱贫攻坚成果、深入实施乡村振兴战略的时代大背景下，陇南各县区要高度重视，科学谋划，结合特色，组织专家进行论证，探索建设一批乡村文化旅游产业示范村，推动乡村经济全面发展。

第七章 陇南文化旅游产业融合发展的政策支撑与实践

我国自古以来就有文化和旅行相融合、相统一的思想，例如"读万卷书、行万里路"，"读万卷书"是指通过阅读，间接获取知识的途径，而"行万里路"指通过深入实践，直接观看并感受世界的大不同。唯有将两者有机融合，才能更全面、更真实地体会文化旅游的独特价值和重要意义。"旅游业的综合带动功能全面凸显，成为国民经济的重要支柱产业。其中，文化旅游更加注重游客的体验和感受、印象，满足着游客日益增长的文化需要……文化旅游资源的转化成为新的增长点和最有潜力的旅游产品，因而深化文化旅游领域的供给侧改革，增加有效供给和高质量供给，已成为区域经济高质量发展的重要抓手。"[①]时任文化和旅游部部长的雒树刚曾在《光明日报》（2020年12月14日06版）撰文《推动文化和旅游融合发展》，他强调，推动文化和旅游融合发展是传播弘扬中华文化的有效路径。知名学者宋瑞认为，促进文旅融合的动因在于"通过文化

---

① 陈小红：《陕西沿黄区域文化旅游高质量发展的路径分析》，《渭南师范学院学报》，2021年第7期。

和旅游更广泛、更深入的融合，可全面提升国家的文化吸引力和旅游竞争力"，"通过文化和旅游更普遍、更紧密的融合，更好地满足人民群众对美好生活的需要"。陇南劣势明显，优势也很明显。陇南山清水秀，水资源极为丰富，植被覆盖率很高，是西北地区难得的"江南水乡"，所以有"早知有陇南、何必下江南"的文化旅游产业的广告宣传语。陇南地理跨度大，气候多样，地貌复杂，文化多元，底蕴深厚，发展潜能巨大。

文化和旅游的融合还可以提升国家文化软实力，增强文化自信。2020年5月，习近平总书记在山西省考察时强调：发展旅游要以保护为前提，不能过度商业化，让旅游成为人们感悟中华文化、增强文化自信的过程。在国家深入实施乡村振兴战略的新时代，陇南着力发展旅游产业，就要将特色文化优势与旅游产业紧密相接，促进文旅深度融合，以文旅产业的高质量发展进一步巩固陇南地区的脱贫攻坚成果，以实现陇南绿色发展、可持续发展的目标。

一、国家政策支持

2018年3月，《深化党和国家机构改革方案》中将文化部、国家旅游局政策进行整合，组建新的中华人民共和国文化和旅游部，其核心职责定位是统筹规划文化事业、文化产业、旅游业发展。文化和旅游部组建之后，文化和旅游的融合发展即受到学术界、企业界和各级政府的高度关注与重视。《中共中央关于制定国民经济和社会发展第十四个五年规划和二〇三五年远景目标的建议》提出，要推动文化和旅游融合发展，建设一批富有文化底蕴的世界级旅游景区和度假区，打造一批文化特色鲜明的国家级旅游休闲城市和街区，发展红色旅游和乡村旅游。

2019年3月，时任文化和旅游部部长雒树刚在全国两会上提出：推动文化和旅游融合发展是以习近平同志为核心的党中央作出的重要决策，我们深深体会到文化是旅游的灵魂，旅游是文化的载体，文化使旅游的品质得到提升，旅游使文化得以广泛传播。《"十四五"文化和旅游发展规划》提出：坚持融合发展，以文塑旅，以旅彰文，完善文化和旅游融合发展的体制机制，推动文化和旅游更广范围、更深层次、更高水平融合发展，积极推进文化和旅游与其他领域融合互促，不断提高发展质量和综合效益。

2019年3月，《国家级文化生态保护区管理办法》施行。2020年3月，《国家级非物质文化遗产代表性传承人认定与管理办法》施行。2023年2月、4月，文化和旅游部先后发布了《关于印发〈文化和旅游标准化工作管理办法〉的通知》（文旅科教发〔2023〕28号）、《关于印发〈国家级文化产业示范园区（基地）管理办法〉的通知》（文旅产业发〔2023〕45号）。《国务院关于印发"十四五"旅游业发展规划的通知》（国发〔2021〕32号）、《关于释放旅游消费潜力推动旅游业高质量发展的若干措施》（国办发〔2023〕36号）、《文化和旅游部关于印发〈国内旅游提升计划（2023—2025年）〉的通知》（文旅市场发〔2023〕118号）、《文化和旅游部 国家发展改革委 财政部 自然资源部 住房城乡建设部 交通运输部 农业农村部 应急管理部 国家消防救援局关于印发〈关于推进旅游公共服务高质量发展的指导意见〉的通知》（文旅公共发〔2024〕41号）等一系列文件相继出台，说明国家从政策上大力支持文化旅游产业的高质量发展。

二、甘肃省及陇南市政策支持

《甘肃省人民政府关于支持陇南市加快经济社会发展的意见》（甘政发〔2012〕111号）对陇南市的战略定位是：把陇南市建成关中—天水经济区的重要增长极，连通成渝、关中经济区的战略通道和桥头堡，长江流域重要生态安全屏障，秦巴山片区区域发展与扶贫攻坚示范区……知名生态文化旅游区。文件还强调：要不断提升旅游产业发展层次，支持陇南的旅游景区道路、停车场、通信等基础设施建设……创建"陇上江南"生态文化旅游品牌。

该意见强调：加快陇南特色优势文化资源开发，支持秦西垂陵园等出土文物研发，加快乞巧、池哥昼、高山戏等国家级非物质文化遗产开发利用，支持礼县先秦文化、西和县乞巧文化、康县茶马文化及陇南生态民俗文化研究开发，扶持山核桃工艺品、白马人刺绣、木雕、奇石等特色文化产品开发。挖掘整理以哈达铺红军长征、习仲勋早期革命、徽成两康战役等红色文化，还有仇池古国、阴平古国等民间文化传说、民歌、戏曲等人文资源……努力打造陇南特色文化产业。

《甘肃省人民政府关于支持陇南天水对接融入成渝经济区的意见》明确：陇南、天水两市要抢抓"一带一路"建设和共建国际陆海新通道的重大时代机遇，主动率先对接融入成渝经济区，进一步推动陇南、天水参与"一带一路"和加快向南开放的步伐，促进经济转型创新和高质量发展。

2024年1月，甘肃省人民政府出台了《甘肃省人民政府办公厅关于支持陇南市创建"两山"实践创新基地助推经济社会高质量发展的意见》（甘政办发〔2024〕7号），文件指出：陇南市作为全省唯一的全域长江流域地区，生态环境优良，绿色资源富集，创建"两山"实践创新基地具有良好基础。加速"两山"文化旅游提档升级。支持建设秦汉文化产业带、茶旅融合休闲产业带，指导做好武都万象洞、康县青龙山、嘉陵江峡谷群等大景区规划和基础设施建设。深入挖掘红色文化资源，开展历史文化遗址发掘研究和文物保护修复，加强历史文化传承。推动长征国家文化公园、革命文化传承保护、红色旅游景区建设，打造哈达铺革命旧址保护利用样板工程。支持培育一批文旅康养产业集群，建成一批高品质康养基地，创建一批乡村旅游样板，开发一批高热度旅游线路，全力打造"文旅康养胜地"。推进和美乡村建设。加快绿色交通发展。指导做好陇南机场改扩建、陇南通用机场、阳平关至陇南至若尔盖铁路以及天水至成县高速、康县至阳坝高速、两水至九寨沟高速、余家湾至凡昌高速、阳坝至碧口公路等项目前期工作。大力推广发展新能源汽车，加快公共运输场站、高速公路服务区、国省干线公路服务区、停车场、旅游景点等区域新能源汽车充电基础设施配套建设。

2024年4月，陇南市人民政府发布了《陇南市人民政府办公室关于印发〈贯彻落实甘肃省巩固经济持续向好态势推动高质量发展若干政策措施任务清单〉的通知》（陇政办函〔2024〕25号），文件明确：激发文旅消费潜力。积极承办省市重点文旅活动，邀请网红大力推广文旅资源，加大"引游客入陇南"工作力度，及时兑现奖补资金。精心谋划"携手甘陕川·三日游三省"精品旅游线路，加快构建毗邻地区大旅游圈；推出冬春优惠政策，做好全市10条精品旅游线路推广。积极配合开展使用保险替代现金或银行保函交纳旅游服务质量保证金工作，减轻全市35家旅行社经营压力。进一步强化官鹅沟景区服务设施建设，充分发挥国家5A级旅游景区的引领作用。持续推进文县天池、成县西狭颂景区基础设施建设，完善配套服务。加快推进陇南嘉陵江峡谷群、武都万象等大景区建设，争取列入省文旅厅5A级景区创建计划名单。力争2024年内至少成功创建1个国家4A级景区、4个国家3A级景区。2024年接待游客人数、旅游综合收入均增长 25%以上。加快建设天水至陇南铁路，力争康略、景礼高速，积极推进余凡、天成、康宁等高速公路前期工作，力争开工建设白龙江文县碧口至罐子沟航运工程建设。加快推进礼县三国文化产业园、成县吴挺墓等项目建设，力争文县白马人民俗文旅综合体建成投用。

甘肃省级层面对陇南经济社会发展的针对性扶持政策是明确的，效果是显著的。目前，陇南市委市政府也提出了南向发展战略，力争将陇南建成甘肃向南开放的桥头堡，对接融入以成渝城市群为核心的长江经济带。

三、陇南市务实推进

随着兰渝铁路、陇南机场、武罐高速、成武高速、十天高速、两徽高速的建成投入运营，陇南市的交通基础设施建设实现大踏步、跨越式发展。"十四五"期间，陇南已开建景泰至礼县（陇南段）、望关至略阳段、西和至宕昌的高速公路和天陇铁路（天水至陇南），还要对陇南机场进行改扩建。交通条件的进一步改善与提升将进一步促进人口流动、文化交流及旅游产业的快速发展。陇南市委、市政府重视并出台相关政策，支持各县区积极发展文化旅游产业，以此增加群众收入，推动经济增长。

2018 年年底，《陇南市人民政府办公室关于印发陇南市文化旅游产业发展专项行动计划的通知》（陇政办发〔2018〕164 号）发布。这是陇南市委、市政府以正式公文形式提出了文化旅游产业发展专项计划，基本涵盖了陇南各类文化旅游资源，具有很强的指导性和针对性，但更多需要县区重视对特色文化的挖掘、整理和研究，结合文化资源特点，对旅游景区进行文化元素的包装与打造，丰富旅游景区文化蕴含，提升文旅产业品质。

2021 年 12 月，陇南市第五次党代会明确提出了建设"三城五地"的目标定位。"三城"即典范城市、魅力城市、节点城市，"五地"即绿色发展高地、文旅康养胜地、交通物流要地、投资创业洼地、美好生活福地。"三城五地"也是陇南文化与旅游产业融合发展的战略目标，尤其是打造"文旅康养胜地"，更是凸显了文化与旅游融合发展，形成"文化+旅游+康养"全产业链的良好发展格局。

近三年，陇南市的旅游人数和收入年平均增长近 30%，游客接待量从 1400 多万人次增至 3000 万人次，旅游收入从约 70 亿元人民币增至约 150 亿元人民币，文化旅游经济收入实现翻番。以上数据显示，旅游产业成为陇南经济转型、提质增效的动力源，成为促进就业、增加群众收入的重要产业。据相关部门介绍，陇南市旅游产业就业人数有 5 万多人，直接或间接带动就业人数从约 16 万人增至 20 多万人。不难看出，旅游产业已发展成为促进陇南经济发展的新的增长极。

我们相信，不久的将来，在丝绸之路经济带和长江经济带的重要连接线上，一座"生态之城、活力之城、陇蜀之城"定会展现在世人面前。

结　语

"对于中国这样一个地域辽阔、人口众多的发展中大国来说，区域发展战略是最重要的国家战略之一。"① 作为甘肃省唯一的长江流域地区，陇南市区域内的八县一区文化底蕴深厚，多元化特点明显，甘川陕三省毗邻区的特殊地理区位、西秦岭南麓良好的植被以及在中国历史发展进程中的独特地位等因素都决定了陇南历史文化、生态文化、红色文化等各类旅游资源比较富集，且具有不可替代的独特魅力。只要市县（区）地方政府高度重视，政府推动，市场介入，民众参与，陇南的文化与旅游产业融合式发展一定能够实现绿色发展、可持续发展。

2022年12月，根据《文化和旅游部　自然资源部　住房和城乡建设部关于开展国家文化产业和旅游产业融合发展示范区建设工作的通知》（文旅产业发〔2022〕123号），文化和旅游部会同自然资源部、住房和城乡建设部确定将北京市东城区等50个地区列为国家文化产业和旅游产业融合发展示范区建设单位，甘肃省的酒泉市、敦煌市名列其中。不难看出，唯有推动文化产业与旅游产业的融合共生，才能不断提升文化旅游产业的内涵与品质，让旅客有更佳的文化旅游体验，同时有效促进地方特色文化传承、经济发展，增强民众福祉。文化

---

① 虞卫东：《区域发展战略和政策：企业的机遇与挑战》，《现代企业》，2021年第7期。

与旅游的融合式发展是时代之势、社会之需、人民之福。

陇南在大力发展文化旅游产业的同时，还需要进一步加强外联，主动对接融入"大九寨"旅游圈，借助九寨沟的品牌效应拓展陇南旅游市场。依托中新南向通道、"一带一路"、向南开放和东西帮扶协作，深化与青岛、重庆、成都、汉中、广元、阿坝等市州的务实合作，加强与邻近省份的融合与对接，在旅游服务上共建共享，合力打造跨区域精品旅游线路和产品，不断提升区域文化旅游产业的协作水平。"十三五"时期，陇南市八县一区累计减贫52万多人，现行标准下农村贫困人口全部脱贫，1707个贫困村全部退出，9县区全部摘帽，历史性解决了全市绝对贫困问题，综合实力大幅提升，经济保持平稳健康发展，经济结构持续优化。2020全球减贫伙伴研讨会、"一带一路"美丽乡村论坛在陇南成功举办，这些都证明了陇南文化旅游产业融合发展惠及扶贫事业的发展，功不可没。

"十四五"是我国圆满完成第一个百年奋斗目标后，进一步巩固脱贫攻坚成果，深入实施乡村振兴战略，开启第二个百年奋斗目标的关键时期。陇南紧紧围绕"三城五地"战略，对标邻近的四川省广元市、陕西省汉中市，下大力气推动特色文化与旅游产业的深度融合，在过去陇南全市的脱贫攻坚事业中发挥了不可替代的作用，对陇南未来的绿色发展、和谐发展、可持续发展同样具有十分重要的现实意义。陇南主动对接国家战略，积极融入长江经济带、成渝地区双城经济圈，加强与"一带一路"共建国家交流合作，不断加快开放步伐，加快构建"大景区+全域游"发展格局，加快推进武都万象、康县青龙山、陇南嘉陵江峡谷群等大景区建设，成功举办了甘川陕毗邻地区文旅环线战略联盟第二次会议暨陇南市茶旅融合高质量发展推进会。2023年，陇南市累计接待游客3640.2万人次，实现旅游综合收入187.47亿元。2024年上半年，陇南市累计接待游客2153.86万人次，游客旅游消费117.25亿元。陇南市委市政府锚定"五个新陇南"和"三城五地"目标定位，探索开发文化旅游发展新业态新模式新场景，以改革创新举措提高文旅康养产业发展质效。

在党中央的坚强领导下，在省委、省政府的大力支持下，陇南各县区主动作为，改革创新，240多万陇南人民团结一心，砥砺奋进，在新时代文化旅游产业融合发展的伟大实践中，一定会实现助民增收、服务陇南的奋斗目标。

参考文献

著作类

[1] 张全新. 陇南文史. 兰州：甘肃人民出版社，2012.

[2] 胡颖，蒲向明，等. 甘肃傩文化研究. 北京：人民出版社，2012.

[3] 张红霞. 贫困地区发展的实践考察与理论思索——基于甘肃陇南市的研究. 兰州：甘肃人民出版社，2013.

[4] 杨全社，古元章，张金生，等. 陇南白马人民俗文化图录（序二）. 兰州：甘肃人民出版社，2013.

[5] 雍际春，赵文博，田佐，等. 秦文化探析. 兰州：甘肃人民出版社，2015.

[6] 邱正保，张金生，毛树林. 陇南白马人民俗文化研究. 兰州：甘肃人民出版社，2009.

[7] 赵逵夫. 西和乞巧节. 上海：上海远东出版社，2014.

[8] 苏海洋，王宏谋. 陇蜀古道历史地理研究. 北京：科学出版社，2019.

[9] 雍际春，田佐，南玄子. 嬴秦西垂文化. 兰州：甘肃人民出版社，2013.

[10] 汉中市博物馆. 中国蜀道学术研讨会论文集. 西安：三秦出版社，2014.

[11] 古元章，张金生，邱雷生，等. 首届中国白马人民俗文化研讨会论文集. 兰州：甘肃人民出版社，2013.

[12] 肖安鹿，段建玲. 文化产业发展与文化大省建设. 兰州：甘肃文化出版社，2012.

[13] 张承荣，高天佑，蒲向明，等. 陇蜀古道——青泥道研究论文集. 成都：四川大学出版社，2016.

[14] 魏建军. 人文礼县. 北京：中国文史出版社，2009.

[15] 石政杰. 康县史话. 兰州：甘肃文化出版社，2007.

[16] 尹华光. 旅游产业与文化产业融合发展研究，北京：中国书籍出版社，2017.

[17] 胡小海. 区域文化资源与旅游经济耦合研究. 南京：东南大学出版社，2015.

[18] 王子今. 秦人的信仰世界. 北京：中国社会科学出版社，2023.

[19] 田里，钟晖，张鹏杨，等. 大理州民族文化旅游村开发研究. 北京：中国旅游出版社，2020.

[20] 宋军令，张昕，等. 文旅融合视角下的住宿业与乡村文创研究. 北京：中国环境出版集团，2023.

[21] 陈雪钧. 康养旅游产业高质量发展研究——以重庆市为例. 北京：人民交通出版社，2022.

论文类

[1] 李波，薛华菊. 乡村振兴背景下乡村旅游发展影响因素与模式研究[J]. 农村经济与科技，2020（5）.

[2] 张小军，吴毅. 何为旅游？旅游人类学视角的思考[J]. 旅游学刊，2017（7）.

[3] 肖琼. 我国民族旅游村寨研究综述[J]. 西南民族大学学报，2009（6）.

[4] 苑利，顾军. 非物质文化遗产保护的十项基本原则[J]. 学习与实践，2006（11）.

[5] 余永红. 白马藏族服饰图案的形式特征及文化含义[J]. 吉林艺术学院学报，2011（2）.

[6] 蒋萍. 旅游扶贫与少数民族文化主体性保护——以广西壮族自治区乡村旅游与旅游扶贫为例[J]. 社会科学家，2016（10）.

[7] 陈炜. 四川盐文化遗产旅游扶贫内生动力[J]. 社会科学家, 2020（1）.

[8] 王志涛, 司林胜. 西部旅游业发展中的文化渗透[J]. 科学管理研究, 2003（2）.

[9] 张海燕, 王忠云. 旅游产业与文化产业融合运作模式研究[J]. 山东社会科学, 2013（1）.

[10] 张海燕, 王忠云. 旅游产业与文化产业融合发展研究[J]. 资源开发与市场, 2010（4）.

[11] 徐日辉. 全域旅游与南京浦口区项羽文化的创新提质[J]. 渭南师范学院学报, 2019（1）.

[12] 董珍慧. 甘肃陇东南文旅产业融合发展模式探究[J]. 当代旅游, 2021（19）.

[13] 王建芹、李刚. 文旅融合：逻辑、模式、路径[J]. 四川戏剧, 2020（10）.

[14] 尚晨光. 生态文化与生态旅游融合发展的理论与实践[J]. 四川旅游学院学报, 2020（6）.